El boxer

Bianca Frosolini

EL BOXER

EDITORIAL DE VECCHI

A pesar de haber puesto el máximo cuidado en la redacción de esta obra, el autor o el editor no pueden en modo alguno responsabilizarse por las informaciones (fórmulas, recetas, técnicas, etc.) vertidas en el texto. Se aconseja, en el caso de problemas específicos —a menudo únicos— de cada lector en particular, que se consulte con una persona cualificada para obtener las informaciones más completas, más exactas y lo más actualizadas posible. EDITORIAL DE VECCHI, S. A. U.

ADVERTENCIA

Este libro es sólo una guía introductoria de la raza. Para criar un perro es necesario conocer a fondo su temperamento y tener nociones generales de psicología y comportamiento animal, que no están contenidas en la presente obra. Se advierte que si se orienta mal a un perro, este puede ser peligroso.
Por otra parte se recuerda que, lógicamente, sólo un profesional acreditado puede adiestrar a un perro y que cualquier intento de hacerlo por cuenta propia constituye un grave error. Es obvio que bajo ningún concepto debe permitirse que los niños jueguen con un perro si el propietario no está presente.

Colección dirigida por Luigi Gidobono Cavalchini y Candida Pialorsi Falsina.

Diseño gráfico de la cubierta de Design 3.

En la cubierta: Ch. it. Club, Schh III, Quasimodo del Cernunnos, *propiedad del criadero de Gisella Odelli Carbon, y* Anya Degli Etruschi, *cachorro de boxer.*

Dibujos del interior de Alberto Marengoni.

Balmes, 114. 08008 BARCELONA
ISBN: 84-315-1447-7

Índice

Prólogo

En estos últimos años la cinofilia está experimentando una considerable transformación. El número de personas que sienten la necesidad o el deseo de tener un perro, en especial de raza, aumenta de año en año. El perro ya no es considerado exclusivamente como una ayuda para determinadas funciones, sino principalmente un amigo con el que pasar el tiempo libre y vivir una experiencia distinta a través de una estrecha relación hombre-animal. Para satisfacer las demandas de un número cada vez mayor de lectores, el editor ha creado esta nueva colección cinófila titulada «Perros de raza», que se une a la ya existente y que pretende transmitir un mensaje más directo e inmediato a través del texto y de las ilustraciones.

El boxer es un perro particularmente atlético, con una musculatura plástica que reúne fuerza y elegancia. Es un molosoide de dimensiones medias, con hocico corto y una mandíbula ancha y potente. Es una raza bien criada y seleccionada, que además en España es muy conocida y se halla ampliamente difundida. En nuestro país los ejemplares no tienen nada que envidiar a los de otros países, gracias en parte a la notable contribución técnica del Club Español del Boxer.

Es un compañero perfecto para el tiempo libre y la vida al aire libre, pero también se adapta a la vida en un piso.

La autora, Bianca Frosolini, es una cinófila apasionada particularmente de las razas de defensa.

En esta obra se toman en consideración los distintos aspectos del boxer, desde sus orígenes y difusión hasta las características de raza, morfológicas y de comportamiento.

La autora se detiene también a

explicar útiles consejos para criar y cuidar del mejor modo a un boxer. Al texto específico sobre la raza se han añadido algunos capítulos referidos a aspectos técnicos de carácter general. Estos son : «Cómo entender y hacerse entender por el perro», por Marina Verga, profesora de etología zootécnica en la Universidad de Milán; «Reproducción», «Alimentación» y «Salud e higiene» tratados conjuntamente por Carla Cristofalo y por quien firma estas líneas.
Las ilustraciones son obra de Alberto Marengoni.
El editor agradece particularmente su colaboración a todos aquellos que han puesto a su disposición material fotográfico, contribuyendo a hacer más amena la lectura.

El Director de la colección
LUIGI GUIDOBONO CAVALCHINI

Historia de los orígenes

Aunque el boxer, como raza reconocida, es bastante reciente (1895), sus orígenes deben buscarse mucho más atrás, entre los perros de tipo molosoide que se encontraban ya junto al hombre en los tiempos de los palafitos.

Detrás de todos los molosoides y, por tanto, también del boxer, está el mastín tibetano; desde el Tíbet estos perros se difundieron prácticamente por todo el mundo, siguiendo las migraciones de los grupos humanos.

Cabe suponer que el antiguo moloso tibetano evolucionó hacia dos estirpes distintas, una de pelo largo y de talla mayor, la otra de pelo corto y de talla un poco más reducida. La longitud del pelo dependía mucho de las características climáticas de las zonas en que se asentaba el perro, mientras que la talla ya era determinada por la intervención humana: era reducida donde se tenía la necesidad de un perro más ágil y rápido (y en muchos casos menos voraz, y por tanto menos costoso de mantener).

A Alemania, con los celtas, llegaron molosoides de talla media y pelo corto. No contamos con demasiados datos acerca de cómo fueron criados y «seleccionados» posteriormente, pero sí sabemos que de ellos derivaron tres tipos de perros:

— un tipo más pesado y robusto, similar al actual mastín napolitano;
— un tipo bastante alto sobre las patas, similar al actual dogo;
— un tipo robusto pero ágil, con cabeza corta y robusta, que los alemanes dividieron en cuatro «razas» según su función o la localidad de la que procedían.

El boxer hoy (foto G. Rossi)

Hallamos así:

a) el *bullenbeisser* (mordedor de toros);

b) el *baerenbeisser* (mordedor de osos);

c) el *brabanter* (nacido en Brabante, Bélgica);

d) el danziger (nacido en Polonia).

El más acreditado «padre» del boxer es el bullenbeisser, del que nos han llegado descripciones bastante precisas, sobre todo porque fue el perro de un famoso bandido, Mathias Klostermaier. El bullenbeisser de Klostermaier se llamaba *Thyras* y se le cita en las actas del proceso derivado de la captura de su amo. Además, se le representa en grabados de cobre que aún hoy se pueden admirar en el museo de la Caza y de la Pesca de Munich, gracias a los cuales sabemos que *Thyras* tenía muchas de las características del boxer: talla media, osamenta fuerte, cabeza corta, mandíbulas potentes, carácter fiero, leal y lleno

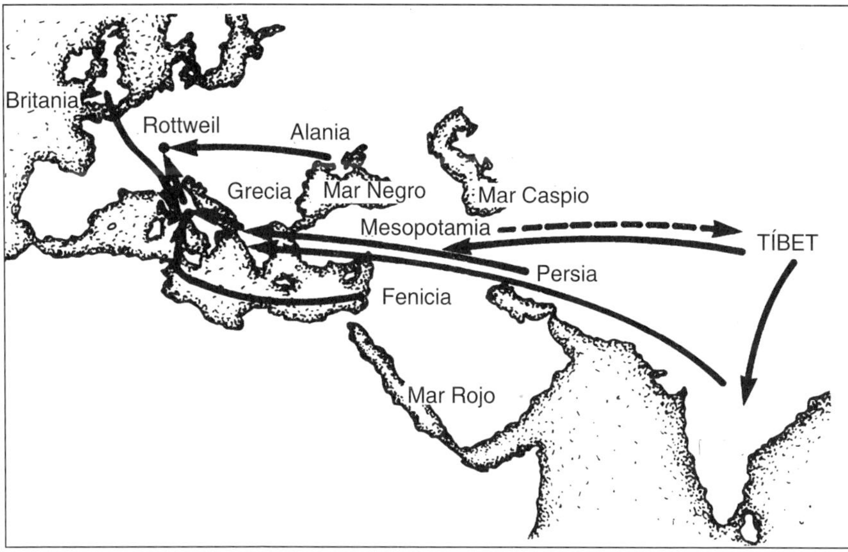

Las etapas de la expansión del mastín tibetano

Antiguas cabezas de tipo bullenbeisser

Jauría de perros atacando a un toro

de coraje. Según las leyendas de la época, salvó innumerables veces a su amo impidiendo su captura: era sin duda un verdadero perro de defensa, dotado de todos los medios físicos y psíquicos que le permitían realizar su trabajo de la mejor manera posible.

Nosotros decimos que *Thyras* era un bullenbeisser, pero en aquellos tiempos, lógicamente, no se podía hablar de auténticas «razas»: el principal factor que tenían en común algunos grupos de perros y que les mantenía bastante similares entre sí era el aislamiento geográfico.

El hombre, por su parte, desarrollaba un primitivo proceso de selección, pero sólo en un sentido utilitarista: conservaba a su lado los perros que podían resultarle útiles para determinado objetivo y dejaba a los demás abandonados a su destino.

Así, los carniceros y cerveceros del siglo XVIII, que debían llevar por los mercados sus bueyes o sus carros cargados de barriles, necesitaban un buen defensor que protegiese sus bienes de los peligros, sobre todo de los salteadores de caminos, y el tipo de perro más adecuado era sin duda el bullenbeisser.

Dado que en aquella época hijos y nietos casi siempre proseguían la actividad económica de padres y abuelos, era fácil encontrar a su lado, hijos y nietos de los mismos perros: de esta forma la raza se reproducía a menudo en consanguinidad y se mantenía relativamente

pura... sin ni siquiera «saber» que fuese una raza.
Lógicamente, si algunos caracteres se fijaban firmemente, otros se perdían en la completa indiferencia del hombre: así, cuando los transportes comenzaron a progresar y la utilidad del perro comenzó a disminuir, la «raza» bullenbeisser estuvo a punto de perderse. Nadie estaba interesado en su salvación, los cruces se hacían más frecuentes porque existían más posibilidades de encuentros entre perros distintos y, en general, el bullenbeisser acabó experimentando dos cambios dignos de mención: una drástica reducción de talla y un preocupante aumento de agresividad. En aquel periodo se le cambió también el nombre, que pasó a ser *bierhunde* o *bierboxer* (perro de los cerveceros).
Hacia finales del siglo XIX, comenzó a interesarse por este perro, el vienés Friederich Roberth, oficial del ejército y apasionado cinófilo. Roberth había trabajado mucho con los airedale terrier y conocía los criterios de selección precisos que se deben emplear con los perros impetuosos y muy agresivos.
Junto a otros dos «airedalistas», Erald Konig y Rudolf Hopner, Roberth tuvo la idea de recuperar el «verdadero» bullenbeisser y para lograrlo, los tres utilizaron los bierboxer disponibles y los unieron a los bulldog ingleses. Sin embargo, cuando se habla de bulldog inglés, no debe pensarse en el actual, sino en el del siglo XIX, que era muy distinto: en efecto, se trataba de un perro mucho más ágil, bastante alto sobre las patas, mucho más parecido al boxer que el bulldog como lo conocemos hoy.
En Inglaterra estos perros habían protagonizado una verdadera batalla social: habían sido utilizados para feroces combates (entre perros o

¿POR QUÉ PRECISAMENTE «BOXER»?

La etimología del nombre boxer *es casi tan controvertida como los orígenes de la raza: según algunos es una degeneración de* boxl, *para otros deriva de* boxer, *boxeador. Ciertamente el nombre no gustó a Philip Stockmann, el primer gran criador, que hubiese preferido el equivalente alemán Kampfer (boxeador, luchador). Dado que, desde luego, el sonido no es mejor se debe pensar en un enésimo intento de afirmar una «patria potestad» más que en un problema de eufonía: en efecto, la palabra* boxer *es inglesa (aunque hoy se utiliza en todo el mundo con el mismo significado) y con toda probabilidad era sólo esto lo que no gustaba a Stockmann.*

LOS GRANDES CABEZAS DE ESTIRPE

El camino que va de Flocki, número uno *del Libro de Orígenes, al boxer de hoy no ha sido un paseo: muchos años y muchos ejemplares han sido necesarios para crear y mejorar la raza y a cada uno debe reconocérsele su parte de mérito.*
Sin embargo, algunos boxer en particular merecen una cita histórica: entre ellos, Rolf von Vogelsberg *y* Lustig von Dom.
Rolf, *hijo de* Kurt von Pfalzagau *y de* Venus von Vogelsberg, *nació en 1908 y reveló pronto las dotes del gran campeón: atigrado, alcanzaba una altura en la cruz de 59 cm, que para aquellos tiempos era un verdadero récord, y unía una gran elegancia a su potente musculatura y robusta osamenta.*
Rolf *no tuvo demasiados hijos, pero le bastó producir a* Rolf von Walhall *para dar un giro a la cría del boxer.* Rolf *«júnior» produjo una numerosa descendencia que representó la base de la cría suiza, sueca y estadounidense a principios del siglo* XX.
También era nieto de Rolf von Walhall Casar von Deutenkofen, *uno de los más*

Fan del Cernunnos

grandes campeones (y de los más grandes reproductores) de los años 20. La historia de Lustig von Dom, *hijo de* Zorn von Dom *y de* Esta von Wurm, *es muy especial: su criadora, Friederum Stockmann, no tenía mucha confianza en él, ya que presentaba una desagradable mancha blanca en el hocico y tenía además una madre con excesivo prognatismo. Sin embargo, algo en aquel cachorro despertaba su curiosidad, por ello no lo vendió, como había pensado hacer en un primer momento, sino que esperó a ver lo que sucedería con el desarrollo del perro.*
Lo que ocurrió es historia de la raza: Lustig *ganó todo lo que podía ganarse, pero sobre todo dio vida a una descendencia riquísima en campeones. Vendido a un criador norteamericano (la familia Stockmann se había visto obligada a dar este paso para salir de una grave crisis económica), ganó de inmediato el título de campeón estadounidense: después de él, cuarenta y un hijos suyos obtendrían el mismo título. Entre las reproductoras merecen una mención particular* Blanka von Argentor *(primera campeona de la historia) y sobre todo* Meta von der Passage, *considerada un auténtico «pilar» de la raza.*

entre perro y toro) hasta 1835, año en el que, por fin, los sanguinarios espectáculos en los que eran protagonistas fueron prohibidos. Sin embargo, la raza se había vuelto agresiva hasta lo inverosímil, por lo que se pedía a viva voz su completa eliminación: afortunadamente un pequeño grupo de cinófilos comenzó a dedicarse a la raza con pasión y competencia, reduciendo su ferocidad hasta crear ese perro valiente, leal y equilibrado que es el bulldog de hoy.
Este proceso se hallaba ya en pleno desarrollo cuando Roberth y sus compañeros comenzaron a cruzar el bulldog con el bierboxer: el carácter del primero ya se había suavizado, pero las características somáticas eran aún las de un perro bastante alto, ágil y esbelto.
El trabajo de Roberth, Konig y Hopner se concretó en *Flocki*, hijo de *Alt Schockin* (bullenbeisser) y de *Tom* (bulldog inglés).
Flocki fue el primer inscrito del «libro de cría» de la raza boxer y, visto con los ojos del criador moderno, era prácticamente un «cocodrilo», bajo y largo, en absoluto cuadrado, con una grupa fea y caída.
Tampoco la cabeza era un dechado de belleza: tenía un hocico demasiado largo y un cráneo bastante estrecho. A pesar de ello, la nueva raza suscitó el interés de los cinófilos y un año después, en la primera exposición abierta oficialmente a los boxer, ya se presentó un gran número de ejemplares.
Los juzgaba el propio Erald Konig, que se vio agradablemente sorpren-

Flocki, *cabeza de estirpe de la raza*

Ch. Red del Gran Mogol. *El prognatismo, importantísima característica de tipicidad, fue eliminado del estándar en 1902, para ser reintroducido tres años más tarde*

dido por la relativa uniformidad de tipo y por las buenas dotes psicofísicas de la mayoría de perros expuestos: en aquella ocasión, para su juicio, Konig se basó en un texto que debía servir de base a los aspirantes a criadores y que representaba una especie de estándar primitivo.

El estándar oficial se redactó en 1902 y al principio se apartó claramente de los apuntes que habían dirigido las decisiones de Konig: entre otras cosas prescribía el cierre de tijera, mientras que el primer texto hablaba de prognatismo.

Tres años después el Boxer Club cambió totalmente de planteamiento, volviendo a alinearse con los conceptos de finales del siglo XIX, tras lo cual el estándar se mantuvo prácticamente invariable hasta 1920, año en que fue aumentada la talla (antes llegaba hasta un máximo de 55 cm: los «gigantes» de entonces eran más o menos iguales a una pequeña hembra de hoy).

Más tarde los expertos se preocuparon del color: los mantos completamente blancos estaban excluidos desde 1905, mientras que los negros fueron eliminados en 1925 y los manchados en 1938.

Desde entonces no ha habido modificaciones relevantes; sólo en 1988, a consecuencia de las disposiciones legales que en Alemania prohibieron el corte de las orejas, en el estándar se incluyó la descripción de la oreja íntegra.

El estándar

El estándar, que es la descripción de los caracteres morfológicos de una raza, es redactado por convención internacional en el país al que se atribuye el origen de la raza.
Por consiguiente, el estándar del boxer es alemán. El que reproducimos en sus puntos principales (en cursiva) seguidos de un breve comentario es el estándar de la FCI (Federación Cinológica Internacional) de 5 de junio de 1993.

Aspecto general

El boxer es un perro de talla media, de pelo corto, de aspecto robusto, de construcción cuadrada y de fuerte estructura ósea. La musculatura, tensa y fuertemente desarrollada, se presenta bien marcada. Los movimientos son desenvueltos y están llenos de nobleza y de fuerza.

El boxer debe dar la inmediata impresión de un atleta compacto, musculoso, ágil pero sobre todo armonioso.

Proporciones importantes

(...)

a) *longitud del cuerpo en proporción con la altura en la cruz. La construcción se inscribe en el cuadrado. Ello significa que las líneas que la delimitan, una horizontal que pasa por el dorso y dos verticales, una que pasa por la punta del hombro y otra por la punta del isquión, forman un cuadrado;*

(...)

b) *altura del pecho en proporción con la altura en la cruz. La longitud del pecho debe ser igual a la mitad de la altura en la cruz;*

REGIONES DEL CUERPO

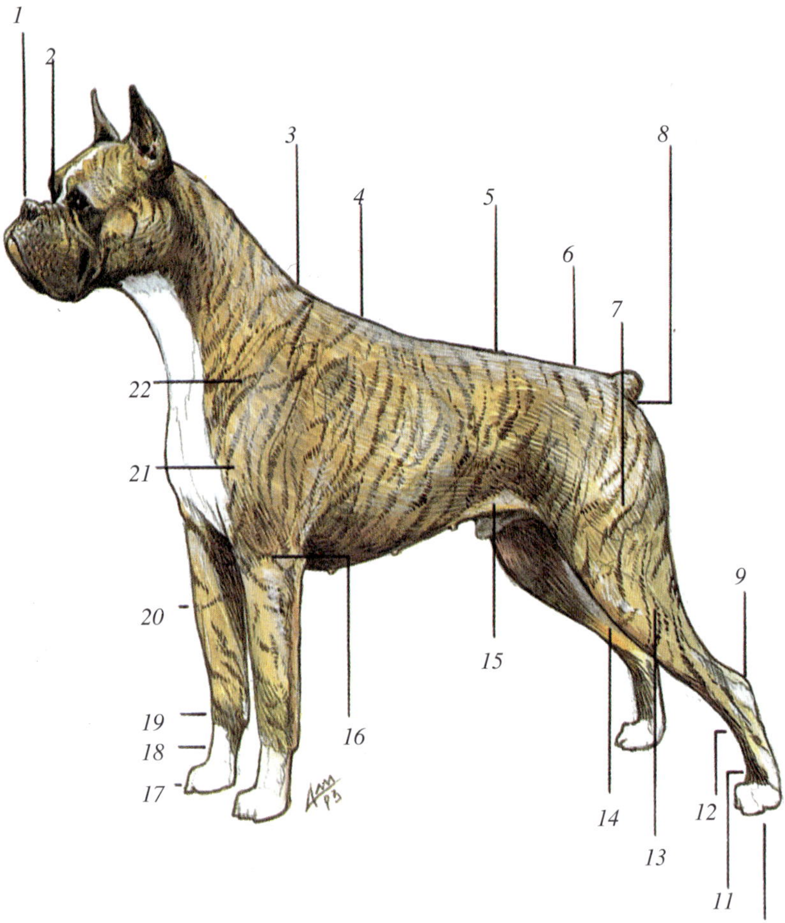

1. Trufa; 2. Stop; 3. Cruz; 4. Dorso; 5. Lomo o riñones; 6. Grupa; 7. Muslo; 8. Punta de la nalga; 9. Punta del corvejón; 10. Pie post.; 11. Metatarso; 12. Tarso; 13. Pantorrilla; 14. Rodilla; 15. Pliegue del gordetillo; 16. Codo; 17. Pie ant.; 18. Metacarpo; 19. Carpo; 20. Antebrazo; 21. Brazo; 22. hombro

ESQUELETO

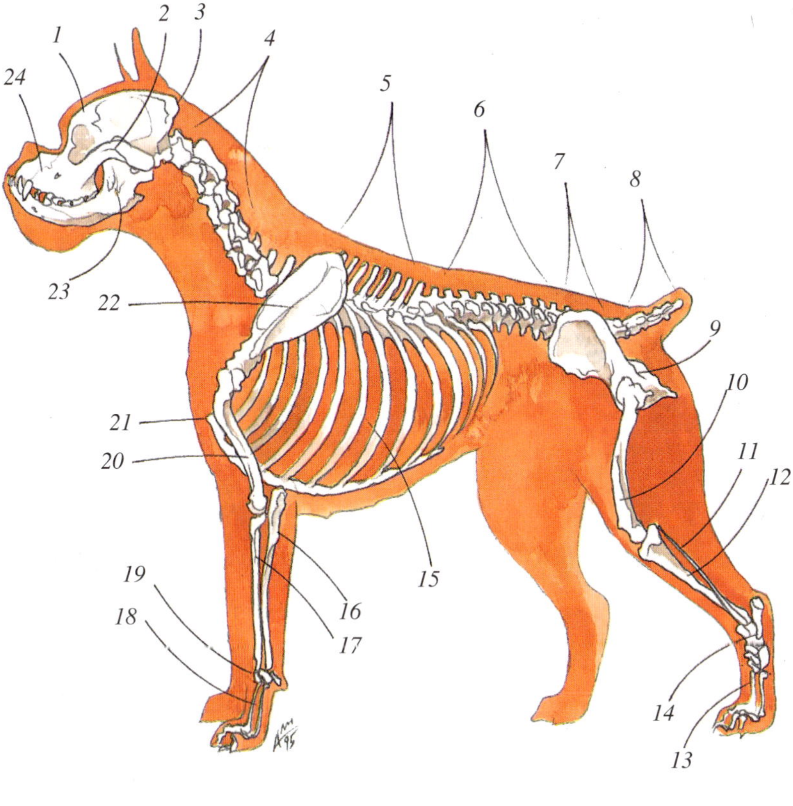

1. Hueso frontal; 2. Arco malar; 3. Cresta occipital; 4. Vértebras cervicales; 5. Vértebras torácicas; 6. Vértebras lumbares; 7. Vértebras sacras; 8. Vértebras caudales; 9. Isquión; 10. Fémur; 11. Peroné; 12. Tibia; 13. Metatarso; 14. Tarso; 15. Caja torácica; 16. Cúbito; 17. Radio; 18. Metacarpo; 19. Carpo; 20. Húmero; 21. Esternón; 22. Escápula; 23. Mandíbula inferior; 24. Mandíbula superior

Ch. Mund., Eur., It., VDH, Club Marilyn del Gran Mogol

(...)

c) *longitud del hocico en proporción con la longitud del cráneo: la proporción entre la longitud del hocico (medido desde el ángulo interno del ojo hasta la punta de la trufa) y la longitud del cráneo (medido desde el ángulo interno del ojo hasta la punta del occipucio) debe ser de 1:2.*

Estos parámetros biométricos, ausentes en los estándares anteriores, son desde hace muchos años la base para la cría del boxer.

En cualquier caso, también es sumamente importante la proporción que existe entre los distintos parámetros: una cabeza de parámetros biométricos perfectos, no tendrá valor alguno si no es igualmente proporcionada al resto del cuerpo.

Comportamiento y carácter

El boxer debe tener nervios estables, estar seguro de sí, ser tranquilo y equilibrado. Su carácter reviste una importancia fundamental y resulta necesario dedicarle la máxima atención posible durante la cría.

Ch. Reno del Gran Mogol

El boxer es fácil de adiestrar gracias a su docilidad, a su valor y su coraje, a su temple y sus aptitudes olfativas. Resulta igualmente valioso como perro de compañía y como perro de defensa y de utilidad.
Su carácter franco y leal, sin falsedad, se mantiene hasta la vejez.
Es importante esta última precisión: con frecuencia los perros de defensa pueden volverse más nerviosos, irritables y mordedores en edad avanzada, mientras que el boxer es un eterno niño siempre dispuesto a jugar y dejarse mimar. Sin embargo, al mismo tiempo, en caso de peligro para el amo o para sus familiares sabe mostrar genio y coraje sin límites.

La cabeza

Es la cabeza la que da tipicidad al boxer. Debe ser proporcionada al resto del cuerpo y no parecer ni demasiado ligera ni demasiado pesada.
El hocico debe ser lo más ancho y potente posible. La belleza de la cabeza es determinada por la proporción armoniosa entre hocico y cráneo. Cualquiera que sea el ángu-

lo desde el que se examine, de frente, desde arriba o de perfil, el hocico debe mantenerse siempre proporcionado al cráneo, es decir, nunca debe ser demasiado pequeño. La cabeza debe ser robusta, y por tanto no debe mostrar pliegues o arrugas. Es natural que se formen arrugas en la frente cuando el perro estira las orejas, o, si las orejas están íntegras, cuando el perro está atento.

Son siempre visibles las arrugas que parten de la raíz del hocico hacia abajo, en ambos lados.

La máscara oscura se limita al hocico y debe distinguirse claramente

Es la cabeza la que confiere tipicidad al boxer (Lothar degli Etruschi)

CABEZAS

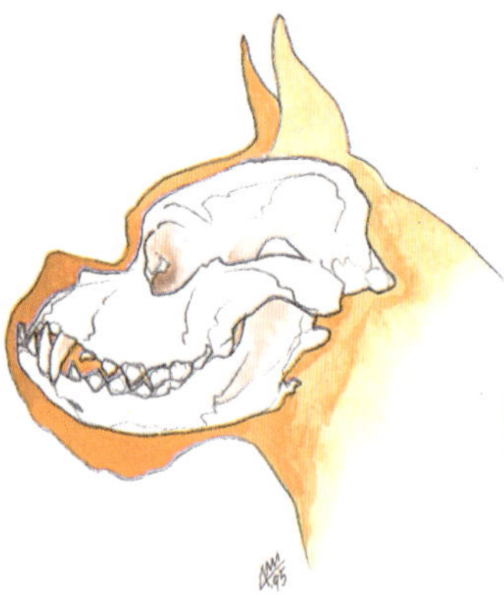

cierre correcto

cabeza correcta

del color de la cabeza, para no oscurecer la expresión de la cara.

La cabeza del boxer indica claramente su origen molosoide: en efecto, el perro es braquicéfalo, con hocico corto respecto al cráneo (como ya hemos visto, la proporción ideal es de 1:2).

El estándar no habla de la relación con el resto del cuerpo, pidiendo en general que exista una buena proporción: en un buen boxer la longitud de la cabeza equivale aproximadamente a un tercio de la altura en la cruz.

cabeza hipertípica con prognatismo excesivo

cabeza hipotípica con convergencia simple

Región craneal

El cráneo debe ser lo más estrecho y cúbico posible. Es ligeramente

El cráneo debe ser estrecho y cúbico (Winston degli Etruschi)

abombado, ni demasiado corto en forma de pelota, ni plano, ni demasiado ancho o con occipucio demasiado pronunciado. El surco frontal está ligeramente marcado: no debe ser demasiado profundo, especialmente entre los ojos.

Stop: la frente forma con la caña nasal un salto bien marcado. La caña nasal no debe entrar hacia la frente como en el bulldog, pero tampoco debe caer hacia delante.

Las indicaciones del estándar hablan claramente de proporciones cráneofaciales convergentes. El punto de encuentro de los dos ejes puede situarse en el margen superior de la trufa, donde los dos forman un ángulo interno ideal de unos 30°. Un ángulo mayor nos llevaría a una cabeza de tipo bulldog, que el estándar no desea y un ángulo menor indica cráneo plano o caña nasal demasiado recta.

Región facial

Trufa: ancha, negra, con fosas nasales bien abiertas; la punta de la trufa se halla un poco más alta que la raíz.

Hocico: debe estar fuertemente desarrollado en las tres dimensiones del espacio, y por tanto no debe resultar agudo ni estrecho, corto o plano. Su conformación está determinada:

a) *por la forma de las mandíbulas;*
b) *por la implantación de los colmillos;*
c) *por la forma de los labios.*

Los colmillos están implantados lo más lejos posible el uno del otro y tienen buena longitud: de esta forma la cara anterior del hocico se presenta ancha, casi cuadrada, y forma un ángulo obtuso con el dorso del hocico.

Delante, el borde del labio superior se apoya en el borde del labio inferior. La parte curvada hacia arriba de la mandíbula inferior, no debe superar exageradamente el labio superior, ni desaparecer debajo de él. Tanto de frente como de perfil debe estar bien marcada.

Con la boca cerrada, el boxer no debe mostrar los colmillos de la mandíbula inferior, ni los incisivos ni la lengua.

Labios: los labios completan la forma del hocico. El labio superior es grueso y llena delante el espacio vacío formado por la prominencia de la mandíbula: es sostenido por los colmillos.

Dentadura: las mandíbulas en su parte anterior no terminan en el mismo plano, sino que la mandíbula inferior supera la superior y se curva ligeramente hacia arriba. Por tanto, el boxer presenta prognatismo.

La mandíbula superior es ancha en su punto de unión con el cráneo y se estrecha muy poco en la parte anterior. La dentadura es fuerte y sana. Los incisivos están dispuestos en línea recta lo más regularmente posible, los colmillos están bien separados el uno del otro y tienen una buena estructura.

Shukai del Cernunnos, *espléndido ejemplar con orejas íntegras*

Mejillas: el desarrollo de las mejillas debe ser proporcional a la potencia de las mandíbulas, aunque sin presentar una excesiva prominencia. Las mejillas se funden más bien con el hocico formando un ligero redondeamiento.

El prognatismo es un importantísimo carácter de tipicidad, pero no siempre es fácil obtenerlo en la medida correcta. Es fundamental que los dientes estén bien separados entre sí y tengan un buen volumen, como prescribe el estándar. Además, los colmillos inferiores deberían tocar los incisivos externos superiores, mientras que los colmillos superiores deberían rozar con su punta los dos primeros premolares inferiores.

Muy a menudo se ven ejemplares con incisivos demasiado pequeños o no colocados en línea recta: otro grave defecto (que algunos seudocriadores de pocos escrúpulos tratan aún de hacer pasar como cualidad cuando quieren colocar un perro) son los incisivos supernumerarios.

Ojos: los ojos, oscuros, no deben ser demasiado pequeños, ni redondos, ni hundidos en las órbitas. Expresan energía e inteligencia sin aparecer nunca oscuros ni traicioneros. El borde de los párpados debe ser de color oscuro.

El estándar no menciona la posición de los ojos, aunque es sumamente importante: un perro que posea una adecuada conformación del cráneo tendrá siempre los ojos en la adecuada posición subfrontal. Si la posición es demasiado frontal, significa que el cráneo es muy redondo; el ojo en posición semilateral es indicio de un cráneo plano o demasiado estrecho, con grave alteración de la tipicidad.

Orejas: implantadas altas, cortadas en punta, de longitud moderada, llevadas verticalmente, no demasiado anchas en la base.

Las orejas no amputadas deben tener dimensiones adecuadas, tendentes más a pequeñas que a grandes, finas al tacto.

Implantadas bien distantes una de otra, en el punto más alto a cada lado del cráneo, bajan cerca de las mejillas cuando el perro está en reposo. Cuando está atento las orejas están desplazadas hacia delante, formando un marcado pliegue.

Por primera vez el estándar del boxer describe la oreja íntegra, una vez que las puertas de las exposiciones caninas se han abierto incluso para estos ejemplares (en algunos países el corte de las orejas está ya definitivamente prohibido). Los criadores deberán prestar atención para producir orejas conformes al estándar, evitando ciertas orejas «de Dumbo» que perjudican el aspecto del boxer. Si son pequeñas, finas y bien pegadas al cráneo, las orejas íntegras en el boxer resultan cautivadoras y no estropean en absoluto su expresión inteligente y enérgica.

Cuello

Su línea superior dibuja, partiendo de la nuca bien marcada, una curva elegante hasta la cruz.

El cuello debe ser de cierta longitud, redondo, potente, musculoso y tenso.

«Tenso» significa claramente «sin piel floja y sin signos de papada»: en

El tórax debe ser amplio y profundo (Ch. Marvin del Gran Mogol*)*

realidad no es fácil encontrar cuellos con la piel inferior absolutamente tensa. La longitud del cuello debe ser superior a la de la cabeza.

Cuerpo

Cuadrado. El tronco se apoya en unas extremidades rectas y robustas.
Cruz: debe estar bien marcada.
Dorso: todo el dorso y los riñones deben ser cortos, fuertes, rectos, anchos y muy musculosos.
Grupa: ligeramente inclinada, suavemente redondeada y ancha.
Tórax: es profundo y baja hasta los codos: su profundidad debe ser igual a la mitad de la altura en la cruz. Las costillas son bien redondeadas sin ser de barril y llegan muy atrás.
Línea del vientre: dibuja una curva elegante hacia la parte posterior.
Cola: implantada más alta que baja, es amputada corta y llevada hacia arriba.

El estándar es bastante explícito en la descripción del cuerpo del boxer, que debe parecer el de un atleta musculoso, pero también ágil y vivaz. La musculatura debe ser muy evidente, destacada y armoniosa.

Las extremidades tienen osamenta fuerte y musculatura enjuta, más evidente en las posteriores (Winkly degli Etruschi)

Extremidades anteriores

Vistas desde delante, las extremidades anteriores, verticales y paralelas, deben presentar una osamenta fuerte.

Hombros: largos y oblicuos, bien destacados en el tórax; no deben estar demasiado cargados de músculos.

Brazo: largo; forma un ángulo recto con el omoplato.

El ángulo de 90° en realidad es utópico: esta medida se ha corregido en casi todos los estándares que la exigían, porque el ángulo escápulo-humeral se aproxima casi siempre más a los 100 que a los 90°, a excepción de muy pocas razas (como el teckel). En cualquier caso, el ángulo ideal es el recto y los ejemplares que más se le acerquen serán siempre preferibles.

Codo: ni demasiado apretado contra el tórax ni despegado.

Antebrazo: vertical, largo, tenso y musculoso.

Carpo: fuerte, bien marcado sin aparecer hinchado.

Metacarpo: corto, casi perpendicular al suelo.

Pies: pequeños, redondos, con dedos bien apretados y almohadilla plantar dura.

Extremidades posteriores

Muy musculosas, con musculatura tensa y muy evidente.
Muslo: largo y ancho. Los ángulos formados por las articulaciones de la cadera y de la rodilla deben ser lo menos obtusos que sea posible.
Rodilla: en situación normal, la rodilla debe llegar tan adelante que toque aún la vertical ideal trazada de la prominencia de la cadera al suelo.
Pierna: muy musculosa.
Corvejón: fuerte, bien marcado, no prominente. El ángulo del corvejón debe ser de unos 140°.
Metatarso: corto, ligeramente inclinado (unos 95-100° respecto al suelo).
Pies posteriores: algo más largos que los anteriores. Dedos bien cerrados y almohadillas plantares duras.
El boxer es un galopador: además de una construcción cuadrada resulta extremadamente importante una angulación de las patas que permita un galope distendido, elegante y capaz de cubrir mucho terreno.
Las extremidades posteriores, que representan el «motor» del perro, deben ser muy musculosas; menos las anteriores, que deben ofrecer sobre todo una buena extensión (relacionada con la adecuada angulación del hombro y con la longitud).

Marcha

Vivaz, llena de fuerza y nobleza.

MARCHA

fases del trote

Piel

Tensa, elástica, sin pliegues.

Manto

Calidad del pelo: corto, duro, brillante y muy adherente.

Color

Leonado o atigrado. Los matices del leonado van del amarillo claro al rojo ciervo oscuro, pero las tonalidades intermedias son las mejores (el rojo leonado). La máscara es negra. La variedad atigrada presenta sobre el leonado (en las tonalidades señaladas) estrías oscuras o negras que van en el sentido de las costillas. Las estrías deben distinguirse netamente del fondo. Las manchas blancas no deben rechazarse, al contrario, pueden tener un efecto muy agradable.

Es preferible que las manchas blancas, cuando aparecen, sean simétricas y armónicas. Los boxer completamente blancos no son admitidos por el estándar.

La máscara negra no debería llegar más allá del hocico

Talla y peso

La altura del perro se mide en la cruz y está representada por la vertical que va de la cruz al suelo pasando por la punta del codo.
Machos: de 57 a 63 cm.
Hembras: de 53 a 59 cm.
Peso: en los machos superior a 30 kg (para una talla de unos 60 cm); en las hembras unos 25 kg (para una talla de unos 56 cm).
La medición del perro se efectúa con el perro de pie, emplazado, y mediante un cinómetro rígido.
Mediciones poco exactas efectuadas con cintas métricas domésticas pueden dar unos resultados poco o nada fiables.

DEFECTOS

Todas las desviaciones de lo que se ha prescrito hasta ahora deben ser consideradas defectos, que se penalizarán en función de su gravedad.

Comportamiento y carácter

Agresividad, malignidad, carácter inseguro, falta de temperamento, timidez.

Cabeza

Falta de nobleza en la expresión; cara feroz; cabeza de pinscher o de bulldog; babeo; dientes o lengua visibles; hocico demasiado agudo o demasiado ligero; caña nasal caída; «hocico de cuero» (trufa lisa, brillante, sin granillos); trufa que cambia de color según las condiciones atmosféricas; trufa clara; ojos claros, de rapaz; tercer párpado sin pigmentación; orejas mal amputadas; si las orejas están íntegras, su aspecto débil, semierguidas o erguidas; orejas «de rosa»; torsión o desviación lateral de la mandíbula inferior; implantación dental defectuosa, dentadura débil o defectuosa por enfermedad.

Cuello

Corto, tosco, con papada.

Cuerpo

Pecho demasiado abierto, tórax demasiado caído, dorso mal implantado, dorso de carpa, dorso ensillado, delgadez; riñones largos, estrechos, planos, mal unido con la grupa; grupa caída; pelvis estrecha; vientre caído; flancos cóncavos; nacimiento de la cola demasiado bajo.

Extremidades anteriores

Aplomos llamados «a lo Luis XV»; hombros mal implantados; codos despegados; carpo débil; pies de liebre; pies abiertos, planos.

Extremidades posteriores

Musculatura débil; extremidades excesiva o escasamente anguladas; corvejones vacunos o de barril; corvejones cerrados; pies de liebre; espolones; pies planos.

Movimiento

Marcha de pato; movimiento capaz de cubrir poco terreno cada vez; ambladura.

Color del pelo

Máscara que se extiende más allá del hocico; atigraduras demasiado juntas o demasiado separadas entre sí; fondo del manto sucio; colores mezclados entre sí; distribución antiestética de las manchas blancas, por ejemplo cabeza completamente blanca o medio blanca; otros colores (comprendido el blanco si supera un tercio del manto).

N.B.: *los machos deben tener dos testículos de aspecto normal y completamente descendidos al escroto.*

Cómo entender y hacerse entender por el perro

por Marina Verga

Todos habremos tenido ocasión de notar la gran variedad de signos que los perros utilizan en sus encuentros con otros perros o con el hombre: señales vocales, como aullidos, ladridos, gruñidos, o señales visuales, como flexionar las patas delanteras para «invitar al juego», tener la cola y las orejas gachas, mostrando temor, o menear la cola, agitando todo el cuerpo, a la espera de obtener algún bocado de comida o un paseo. Todos estos signos, y muchos más, como los olfativos, transmitidos especialmente al expeler la orina, forman parte de una especie de lenguaje que no es más que el «sistema de comunicación» característico de cada especie, teniendo cada especie de animales unos mensajes propios para comunicarse.

Quiro dei Conti di Puglia

El boxer, al envejecer, se vuelve perezoso

Para qué sirve comunicar

Obviamente la transmisión de señales comporta un cierto grado de sociabilidad, es decir, el desarrollo de una vida social en el interior de la cual cada individuo encuentra su propio lugar, su rango y su papel respecto a los otros. Y esto es ventajoso tanto para el individuo como para el grupo ya que, por un lado, el primero consigue identificar mejor, a través de las indicaciones de los demás, las posibilidades de nutrirse y de acoplarse, o sea de sobrevivir y de reproducirse, mientras que, por otro lado, el segundo logra mantener su cohesión sin que sus componentes luchen continuamente entre sí. Además, la comunicación entre los miembros del grupo social permite defenderse mejor de los peligros, que incluso pueden ser avisados a distancia, mediante los mensajes acústicos.

El perro pertenece a una especie altamente social, y como tal, rica en signos de comunicación, especialmente visuales, acústicos y olfativos.

Los mensajes del rostro

Las expresiones del rostro —la llamada *mímica facial*— son fundamentales en el lenguaje del perro, particularmente en las razas que tienen la posibilidad de modificar la posición de las orejas. Las distintas posiciones de las orejas, junto a las de los labios, nos pueden revelar las intenciones del perro. Sintetizando podemos considerar que:

— mirada fija y atenta con las pupilas contraídas, posiblemente acompañada de un gruñido sordo y un leve erizamiento del pelo del dorso, es un signo de amenaza;
— mirada baja y huidiza normalmente significa timidez, pero atención, también puede ser que el animal tenga miedo y que en tal caso indique que está a punto de atacar;
— mirada atenta, acompañada de un movimiento zigzagueante de la cola, ladridos y la parte anterior del cuerpo baja, puede querer decir: «¿Quieres jugar conmigo?»;
— mirada lánguida y, «humanamente» hablando, casi implorante, quizá con el cuerpo en posición de «sentado», con un poco de babilla que cae de la boca, significa que nuestro amigo está esperando pacientemente la comida;
— mirada «ausente», posición apática y escasa reacción a las señales que le transmitimos, pueden indicar que algo no funciona en su organismo, que puede padecer alguna enfermedad o incluso alguna patología nerviosa; hay casos en que esta mirada va acompañada de auténticas crisis nerviosas, que pueden desembocar en episodios de agresividad, repentina y totalmente imprevisible, orientada hacia personas que el animal conoce, o quizá incluso hacia el propio dueño.

Los mensajes del cuerpo y de la cola

Todo el cuerpo del perro en su conjunto es capaz de transmitir señales, ya sea modificando la postura, o bien erizando el pelo, hasta el punto de hacer que parezca más voluminoso. El principio general es simple: cuanto más imponente resulta la figura del animal —orejas tiesas, pelo del lomo erizado, posición erguida—, más indica su dominio sobre el entorno, incluyendo a los otros perros y a las personas; cuanto más «reducida» resulta la figura —cola entre las patas, orejas bajas, posición semiacostada—, mayor es la intención del perro de declararse

Jason dell'Orobica boxer

sometido, dependiente, o incluso «enamorado» en el caso de un perro que corteje a la hembra en celo.

No está claro todavía el significado del zigzagueo de la cola.

En la práctica todos sabemos recibir el mensaje de nuestro perro cuando viene hacia nosotros moviendo la cola con el collar, el plato o la pelota en la boca, e interpretarlo como deseo de ir a pasear, hambre o ganas de jugar con nosotros. Sin embargo, el perro también mueve la cola a menudo, quizá de una forma más rígida, menos relajada, cuando está en situación de rivalidad con otros

FUNCIONES DE LA COLA SEGÚN ALGUNOS AUTORES

La cola podría ser:

a) *un instrumento de señalización para fines sexuales o sociales, ya que cubre o descubre la zona ano-genital, escondiéndola o mostrándola a los otros para estimular la atención;*

b) *un instrumento de señalización del «rango social» del individuo en el contexto del grupo-camada, ya que la intensidad y la amplitud del movimiento pueden indicar el grado de control de la emotividad del animal.*

QUÉ PERCIBE EL PERRO

Algunos autores están convencidos de que el perro «percibe» si una persona es amiga o si tiene miedo, etc. En realidad el animal puede mostrar que ha percibido los mensajes transmitidos por el hombre con la posición del cuerpo, aunque se trate únicamente de una actitud relajada.

perros o en actitud previa de agredir. Es un hecho que tal comportamiento se manifiesta ya en el cachorro cuando está mamando o cuando hay competencia con los hermanos. Mediante el movimiento de la cola el perro puede señalar su presencia, puesto que al moverla esparce a su alrededor la propia señal olfativa que, como veremos más adelante, es otro sistema de comunicación muy importante.

Por otra parte, mover la cola esperando un juego o una recompensa es un signo de tipo infantil que el perro adulto mantiene con sus similares y con el hombre.

¿Qué dice el perro cuando «habla»?

Los mensajes acústicos y las «vocalizaciones» son usados en gran medida por el perro para comunicarse a distancias considerables. Todos habremos tenido la ocasión de oír los «conciertos» a varias voces que se desencadenan a horas intempestivas cuando, en mitad de nuestro merecido descanso nocturno, todos los perros del vecindario se comunican el uno al otro que han oído un ruido sospechoso por los alrededores o, simplemente, que en aquel momento está pasando alguien por delante de una verja.

Y sin duda que también habremos comprobado el «lenguaje furioso» de algunos perros cuando advierten

El boxer soporta bien a los niños, jugando con ellos amorosamente; sin embargo, es importante enseñar a los hijos a respetar a los animales

a su propietario que alguien se está acercando a la puerta de casa, hecho por otro lado muy natural habida cuenta del sistema de defensa del territorio por parte del animal, y que puede resultar molesto para los vecinos o incluso para el propio dueño.
Y sin embargo este es uno de los objetivos de la comunicación acústica: alertar de un peligro al grupo, de forma que se pueda preparar inmediatamente para la defensa.
Con la voz el perro transmite otros mensajes, distintos según el tipo de voz utilizado: el cachorro indica a su madre, con aullidos de lamento, que tiene frío, hambre o que necesita cuidados; el adulto ladrando comunica al compañero la presencia de un peligro o de una presa; el macho da a conocer a la hembra su «ardor amoroso», con toda una variedad de sonidos.

Cómo comunicarse con el perro mediante palabras

Una opinión muy corriente entre muchos propietarios es que el perro

*Las manchas blancas del manto están admitidas y pueden ser una nota característica y de elegancia; sin embargo, no deben superar un tercio de la superficie del cuerpo (*Iko v.d. Morrequelle)

«entiende» el significado de las palabras e incluso de las explicaciones complejas, hasta el punto de que puede dialogar con él, tanto si se trata de premiarlo como si se trata de reñirle por un comportamiento negativo.

En realidad, lo único cierto es que el perro aprende a asociar una determinada señal nuestra con un comportamiento suyo y nuestra respuesta a este último. Por ejemplo: puede asociar la palabra «ven» con el acto de acercarse a nosotros y al hecho de recibir como premio una golosina que a él le gusta; o la palabra «sentado» con el hecho de sentarse delante nuestro para recibir inmediatamente una caricia acompañada de un «¡bien!»; o también la palabra «¡fuera!» con su intento de subirse a nuestro sofá preferido, seguida de un «no» seco de desaprobación.

A través de estas varias asociaciones y algunas más se produce un «aprendizaje por condicionamiento», es decir, que el perro aprende la relación entre una cierta señal acústica, un comportamiento suyo de respuesta y el consiguiente resultado, espe-

ALGUNAS REGLAS DE COMUNICACIÓN CON EL PERRO

- *El perro es un animal «social». Sus comportamientos están determinados por las características de la especie y de la raza, y por el entorno en el que transcurre su vida desde cachorro hasta llegar a adulto. En este sentido, para educarlo de forma correcta, con el objetivo de conseguir un animal equilibrado y no neurótico, es importante empezar a comunicarse con él y a entender sus mensajes cuando es un cachorro, porque durante este primer período de la vida tiene la máxima capacidad de aprendizaje.*
- *Si se quiere «someter» al cachorro o al adulto (siempre que precedentemente haya sido establecido y reconocido nuestro «dominio» sobre el animal) hay que agarrarlo por el cogote, igual que hace la madre con sus cachorros.*
- *Mirar a un perro fijamente a los ojos es una señal de «desafío».*
- *Algunos estímulos particulares, como sombreros, uniformes, monos de trabajo o una indumentaria diferente a la habitual, como por ejemplo la bata del veterinario, pueden provocar reacciones de huida o, en algún caso, de agresividad, si el perro no está acostumbrado.*
- *En ocasiones el perro puede reaccionar negativamente ante estímulos aparentemente neutros, o que al menos así lo parecen. Generalmente esto ocurre porque el animal relaciona tales estímulos con experiencias particularmente negativas o traumáticas vividas en el pasado.*
- *No hay que aproximarse a un perro extraño con los brazos en alto, gesticulando exageradamente o pisando ruidosamente al andar.*
- *Una orden de obediencia tiene que ser dada con un mensaje acústico y visual siempre igual. Si el perro recibe órdenes de varios componentes de la familia, es importante que todas las señales concuerden y que todos tengan las mismas reacciones ante sus comportamientos.*
- *Los premios o las reprimendas (¡no castigos demasiado violentos!) sólo son eficaces si tienen lugar* inmediatamente *después de la falta o del comportamiento acertado del animal, y no cuando hayan transcurrido horas o tan sólo minutos.*
- *La comunicación entre el niño y el perro suele ser muy inmediata y recíprocamente válida. Sin embargo, es conveniente controlar, sobre todo al principio, el trato entre los dos, para evitar malentendidos desagradables por parte de ambos.*

cialmente si se trata de un premio que le agrade mucho o una caricia confortadora.

La palabra-señal correspondiente a cada mensaje que queremos transmitirle puede ser de cualquier tipo. Lo importante es que para cada mensaje se use siempre la misma palabra, pronunciada con el mismo tono de voz y acompañada de los

Saionara Lady

mismos gestos, ya que de lo contrario nuestro amigo «se confundirá». ¡No podemos esperar de él que obedezca a distintas señales, aunque signifiquen la misma cosa!

Cuando el perro ladra sin cesar

A menudo ocurre que nuestro amigo intenta volvernos literalmente sordos con sus ladridos insistentes. Esto motiva los comentarios de propietarios desesperados que afirman no saber qué hacer o qué decirle para que cese de ladrar.

Si tenemos en cuenta que ladrar es precisamente un sistema de comunicación, la consecuencia lógica es que nuestra atención e inmediata respuesta al mensaje no sólo no lo inhiban, sino que lo incrementen. El propietario es quien tiene que juzgar cuáles son los ladridos correctos y cuáles son los que molestan, y prestar atención a los primeros e ignorar los segundos, de manera que el animal sepa distinguir cuándo es aceptado su sistema de comunicación y cuándo no lo es. Por ejemplo: si ladra insistentemente después de habernos traído la pelotita, no creamos que jugando con él le haremos callar, porque la próxima vez que nos la traiga volverá a ladrar de nuevo. En cambio, si le enseñamos a obedecer una orden que le haga estar en silencio, ¡entonces sí podremos tirarle la pelotita para hacerle jugar!

Quiro dei Conti di Puglia

Las señales olfativas y la demarcación del territorio

«¿Por qué hacen pipí siempre?» Sin duda habremos notado que, durante el paseo cotidiano, sobre todo si tenemos un perro macho, si hay otros perros machos o hembras en celo, y especialmente si nos encontramos en un lugar que no es el habitual, el animal se apresura a marcar con orina todos los objetos verticales de los alrededores: árboles, ruedas de automóviles, esquinas de los edificios, etc. De esta manera nuestro perro «indica» a los otros que en aquel lugar está él y que, si se presenta la ocasión, no rechaza la posibilidad de acoplarse con las hembras disponibles.

El mensaje olfativo se basa en la emisión de olores a través de la orina, heces, saliva y directamente mediante unas glándulas que sirven precisamente para esta función. En los períodos de celo se emiten las llamadas *feromonas*, que son unas

Bosko della Cadorma

secreciones de olor particular que indican, y son recibidas como tal, la disponibilidad para el acoplamiento. La demarcación del territorio es más intensa por parte de los animales «dominantes», para predominar por encima de los «sometidos», sobre todo los del mismo sexo. Este comportamiento se reduce parcialmente con la castración.
Otra forma de «marcar el territorio» puede consistir en excavar agujeros en el terreno.

Cuando el perro «ensucia» en casa

Este molesto comportamiento es característico del cachorro que acaba de ser introducido en el ambiente de una nueva casa, y va disminuyendo progresivamente hasta desaparecer, en el momento en que al ser educado correctamente por el amo, el animal «aprende» que tiene que hacer «sus necesidades» fuera de casa. Si el perro persiste en este comportamiento puede ser síntoma de un estado patológico (el perro está enfermo y no es capaz de contenerse), de una educación inadecuada, o también de varias formas de trastornos comportamentales, como por ejemplo el «síndrome del abandono», en el caso del perro que sólo ensucia dentro de casa cuando se le deja solo. Un caso muy particular es la *micción por sumisión*, que consiste en la emisión por parte del perro de pequeñas o no tan pequeñas cantidades de orina. Esto puede ocurrir, por ejemplo, a nuestro regreso, después de haber estado solo durante una parte del día más o menos larga, cuando se le reprende, aunque sea simplemente con la voz, o cuando está especialmente agitado. Este fenómeno de naturaleza emotiva no se resuelve casi nunca con sistemas punitivos.
Tanto en los casos precedentes como en todos los otros problemas de comportamiento resulta fundamental identificar y comprender las causas que los han determinado. Una vez excluida la posibilidad de que el problema dependa de una enfermedad orgánica se puede aplicar un método adecuado para modificar la conducta de manera duradera y definitiva.

La reproducción

por Luigi Guidobono Cavalchini
y Carla Cristofalo

El acoplamiento

La elección del acoplamiento más idóneo debe realizarse con mucha atención y con unos conocimientos específicos, adquiridos mediante una preparación de base adecuada y la experiencia.

Si no se está suficientemente preparado lo mejor es dejarse aconsejar por un criador experto y acreditado, ya que no sólo se tienen que valorar a los ejemplares individualmente, sino que además hay que conocer las genealogías y los resultados de anteriores acoplamientos.

Los reproductores ante todo tienen que estar sanos y no deben transmitir anomalías hereditarias (displasia de cadera, criptorquidia, ectropión, entropión, sordera, ceguera, atrofia progresiva de retina y otras). Por otro lado, han de presentar unas características morfológicas correctas y un carácter leal y bien equilibrado.

La gestación, el parto y, sobre todo, la cría y el destete de los cachorros, puede ser una experiencia emocionante y muy gratificante, pero también requiere sacrificio y disponibilidad de tiempo y de un lugar adecuado. Además, hay que prever a quién o través de qué canales se cederán los cachorros una vez destetados.

El perro es una especie monoéstrica, en la que el celo y la ovulación se manifiestan cada seis meses, pero con una amplia variabilidad (5-12 meses), que depende tanto del ejemplar como del ritmo estacional. Los cánidos salvajes, generalmente, tienen un período de celo al año.

Encuentros en el campo

CÓMO IDENTIFICAR EL PERÍODO DE CELO

- *Tiene una duración de unas tres semanas, con notables variaciones individuales.*
- *El comportamiento de la perra cambia: se muestra nerviosa e irascible, con frecuentes e imprevisibles tentativas de fuga, incluso superando obstáculos, en busca de machos.*
- *Al jugar con otros perros, ya sean machos o hembras, o con los dueños, presenta actitudes de monta.*
- *Orina con mucha frecuencia, pero sólo unas pocas gotas cada vez y, a menudo, levantando una de las patas posteriores como si fuera un macho.*
- *La vulva aumenta de tamaño y la perra se lame frecuentemente.*
- *Se producen ligeras pérdidas vaginales sanguinolentas durante los primeros 9-10 días.*
- *Entre el 10.º y el 14.º día se produce la ovulación y la hembra acepta al macho.*
- *En cualquier caso, la variabilidad individual es amplia.*

Ketti delle Quattrostrade

El primer celo aparece normalmente entre los ocho y los doce meses, aunque se aconseja hacer acoplar a la perra a partir del segundo o tercer celo, ya que el organismo, a menudo, no ha completado todavía el crecimiento, y una gestación podría comprometer el desarrollo corporal normal.
Los períodos de celo se manifiestan durante toda la vida de la hembra, que no presenta menopausia y, por tanto, no cesa con la vejez.
Una buena norma a seguir es no dejar acoplar a la perra en cada celo, sino hacerlo en celos alternos, para dejar tiempo suficiente entre una gestación y otra. A partir de los siete u ocho años es aconsejable no dejar que las hembras sean acopladas.
Los distintos momentos fisiológicos del ciclo reproductivo están influenciados por complejos cambios hormonales.
La hembra acepta al macho exclusivamente durante el período del estro, y generalmente entre el 10.º y el 14.º día, aunque hay hembras que lo aceptan durante más días, y otras que sólo lo hacen durante un breve período, que puede oscilar entre un día o incluso menos tiempo. Una vez producida la fecundación, la hembra ya

Mel della Carlinga

no suele aceptar al macho. Es posible averiguar cuál es el mejor período para el acoplamiento mediante el examen microscópico de una muestra del flujo vaginal o con el análisis de la progesterona hemática.

Los machos también alcanzan la madurez sexual entre los ocho y los doce meses, pero es aconsejable no hacerlos acoplar hasta pasado el año. El olor que emanan las hembras les atrae, y son capaces de percibirlo a gran distancia.

El macho es fecundo durante toda la vida si se mantiene en actividad, pero si no ha montado antes de los cuatro o cinco años, difícilmente podrá reproducir.

Cómo se produce el acoplamiento

Generalmente es el macho el que es llevado a la hembra durante el período en que esta se deja montar.

También se puede descubrir el mejor momento para la monta, sin el recurso a los ya citados métodos de laboratorio, observando el comportamiento de la hembra que, cuando

¿PUEDE REPERCUTIR EN LAS CAMADAS FUTURAS UN ACOPLAMIENTO INDESEADO?

Esta teoría, que recibe el nombre de telegonía, *era sostenida a principios de siglo, pero hoy en día ha quedado totalmente descartada gracias a los conocimientos biológicos modernos. Según esta teoría, una perra que por desgracia se hubiera dejado «seducir» por un mestizo, experimentaría consecuencias negativas incluso en las camadas sucesivas. No hay motivo de preocupación: cada período de gestación y sus correspondientes camadas están influenciadas única y exclusivamente por los progenitores de aquel acoplamiento en concreto. Sin embargo, todavía hay quien cree en la telegonía.*

acepta al macho desplaza la cola hacia un lado, especialmente cuando recibe algún contacto en el lomo. Hay hembras que se comportan con tranquilidad incluso ante machos desconocidos, y otras que son más nerviosas y necesitan cierto tiempo para las «presentaciones». La fase preliminar se caracteriza por unos juegos rituales de galanteo.

Los dos perros se olisquean y se lamen hasta que la hembra deja que el macho se suba a su grupa (monta) y permita la unión (cópula). En algunos casos la hembra no acepta al macho y lo rechaza, a veces incluso de forma enérgica y agresiva. El motivo de ello puede ser la elección errónea del período, pero a veces puede deberse a un comportamiento anómalo de la hembra.

En los perros jóvenes puede ocurrir que el macho tenga que ser ayudado y la hembra sujetada, aunque siempre es mejor que los dos perros tengan tiempo suficiente para una monta natural. Durante la monta se produce la erección del pene, que penetra en la vagina. Al cabo de poco el macho se baja de la grupa de su compañera y, gracias a una particularidad anatómica, se gira sin poderse separar. El pene se dobla unos 180° y los dos perros permanecen cola contra cola durante 15 o 20 minutos, aunque este período puede variar oscilando entre 5 y 45 minutos.

Durante esta segunda fase se produce la eyaculación del líquido prostático. A continuación disminuye el volumen del pene y los dos perros se separan. Es importante no provocar una separación violenta que podría ocasionar lesiones en los órganos genitales. Para que esto no ocurra es necesario que dos personas asistan a la monta y estén preparadas para retener a los dos perros y evitar así una separación brusca.

Se aconseja que los perros efectúen dos o tres acoplamientos, con intervalos de 24 a 48 horas uno del otro.

Cuando no se logra hacer acoplar a los dos perros, se puede recurrir a la fecundación artificial.

¿PUEDE SER UNA MISMA CAMADA HIJA DE VARIOS PADRES?

Existe la posibilidad de que una perra pueda ser fecundada por dos o más sementales en el transcurso del mismo celo. De hecho, fisiológicamente es posible que algunos óvulos sean fecundados por los espermatozoides de un macho y otros óvulos por los de otro macho. Este fenómeno puede ocurrir porque el tiempo de permanencia de los espermatozoides vivos y viables en el aparato genital femenino es bastante prolongado. Sin embargo es un hecho bastante raro y, en cualquier caso, cada óvulo sólo puede ser fecundado por un solo espermatozoide. Por tanto, después del acoplamiento hay que controlar a la hembra para evitar encuentros no deseables.

La gestación

Dura una media de 60 a 63 días, con notables variaciones, ya que no se sabe el momento en que se produce la fecundación de los óvulos, porque los espermatozoides permanecen vivos y viables en el interior del aparato genital de la hembra durante un período de tiempo bastante largo. Ha habido casos en que la duración de la gestación ha oscilado entre 57 y 72 días a partir de la fecha de los acoplamientos.

Es conveniente anotar las fechas de cada acoplamiento. En lo que se refiere a los cambios hormonales, se ha obtenido como dato más constante el período que transcurre entre el momento de máxima emisión de LH

¿PUEDEN PERJUDICAR LA GESTACIÓN VARIOS ACOPLAMIENTOS DISTANCIADOS?

Hay quien cree erróneamente que si una hembra ha sido montada varias veces con cierto intervalo de tiempo, puede haber óvulos fecundados en tiempos distintos. Esto provocaría el nacimiento de algunos cachorros dentro del plazo normal y el de otros cachorros prematuros. Tal creencia no tiene fundamentos biológicos, ya que la ovulación está provocada por estímulos hormonales muy precisos y se produce en un período de tiempo muy breve.

En los cánidos salvajes es normal que los acoplamientos se repitan varias veces mientras la hembra acepta al macho, y no hay razón alguna para que esto pueda perjudicar la gestación normal de nuestros perros. Por lo tanto, repitiendo el acoplamiento al cabo de entre 24 y 48 horas, aumentan las probabilidades de fecundación.

DIAGNÓSTICO DE GESTACIÓN

- *Se efectúa entre el 20.° y el 25.° día después del acoplamiento, con la palpación abdominal. El margen de error es bastante elevado y depende del volumen del animal, de la gordura y de la palpabilidad del abdomen.*
- *A partir de los 20-25 días después del acoplamiento se pueden observar mediante ecografías, las formaciones embrionales y captar los latidos de los fetos.*
- *Al cabo de 46-50 días a partir del acoplamiento se pueden comprobar los núcleos de osificación de los fetos mediante radiografías.*
- *No existen pruebas rápidas, como ocurre en otras especies.*

(hormonas luteinizantes), que se produce unos dos días antes de la ovulación, y el parto. Este período tiene una duración de entre 64 y 66 días. En la especie canina la fecundación del óvulo no se produce inmediatamente después de la ovulación, sino que la célula del óvulo necesita un período de maduración de dos o tres días. Durante el primer mes de la gestación la hembra no muestra signos particulares; no es hasta el segundo mes que se hace patente un aumento progresivo de volumen del abdomen.

La perra gestante necesita hacer ejercicio físico adecuado con al menos un paseo diario, en el que se deben evitar esfuerzos excesivos y saltos.

Durante el segundo mes la dieta debe ser mejorada. Esta se repartirá en dos tomas, pero evitando que la perra engorde. Una semana antes del presumible evento hay que preparar en un lugar apartado y tranquilo una caja para el parto.

El parto

Cuando se acerca el final de la gestación, la hembra se muestra inquieta, excava e intenta construir un «nido». El día antes no come, y en las 12-24 horas precedentes su temperatura rectal disminuye un grado. Así pues, es conveniente tomarle la temperatura durante algunos días, siempre a la misma hora, y anotar los datos.

Es importante que la perra sepa dónde tiene que parir. En un lugar apartado pero familiar, debe tener una caja para el parto, generalmente de madera, de dimensiones que varían según el tamaño del animal, pero que para un perro de talla pequeña son de 100 × 80 cm, con largueros de 40-50 cm de altura y una protección lateral colocada a unos 20 cm para evitar que la madre pueda aplastar a los cachorros.

En el fondo se puede colocar moqueta, que deberá cambiarse con frecuencia. En invierno, si la tempe-

Macho atigrado

ratura es muy fría, es conveniente instalar una lámpara de rayos infrarrojos encima de la caja, pero procurando que no caliente en exceso. Durante el parto tiene que dejarse a la perra lo más tranquila posible, y por regla general todo transcurre sin intervención del hombre, sin embargo es preferible tenerla bajo control. Los cachorros normalmente se presentan de cabeza, con las extremidades anteriores extendidas hacia delante, aunque a veces se da la posición podal, que no comporta complicaciones en el parto. En cambio, si aparecen sólo una o dos patas, o la cabeza, el nacimiento será difícil. No hay que efectuar ninguna tracción, ya que los tejidos son todavía muy delicados y podrían desgarrarse. Bastará secundar con delicadeza los impulsos que la hembra realiza a intervalos regulares. En el primer parto puede haber alguna dificultad con el primer cachorro, sobre todo si la perra tiene más de tres años, y puede llegar a necesitar hasta una hora.

Cada cachorro llega envuelto en una bolsa transparente (bolsa amniótica), que justo después del parto la perra rompe (si no se ha roto durante el parto) e ingiere. Luego, el cachorro es estimulado a respirar por la

> ***SE APROXIMA***
> ***EL MOMENTO DEL PARTO***
>
> *• 1-2 semanas antes las mamas aparecen tumefactas y puede iniciarse la secreción láctica, aunque también puede no producirse hasta el día antes del parto.*
> *• 2-3 días antes del parto la perra está más tranquila, tiende a aislarse y come menos.*
> *• 12-14 horas antes la temperatura rectal disminuye aproximadamente 1 °C. La musculatura pelviana y abdominal se relajan. La perra bebe pero no come.*
> *• 12-24 horas antes la respiración se acelera, la perra excava afanosamente, roe y destruye mantas o cosas similares: se prepara un «nido» para parir.*

madre, que lo lame intensamente después de haber roto con los dientes el cordón umbilical, masticándolo insistentemente a la altura del abdomen. A continuación lo empuja con decisión a las mamas más cercanas. La placenta puede ser expulsada unida al cordón umbilical o al cabo de cinco o diez minutos después del nacimiento de cada cachorro, y la madre se la come.

Entre un cachorro y el siguiente generalmente transcurren entre dos y tres horas, especialmente entre el primero y el segundo; luego, normalmente, el tiempo se reduce. Si la perra está muy estresada, el último cachorro puede llegar a salir al cabo de 18 horas.

La duración del parto varía, en función del número de cachorros y de

Kim degli Scrovegni

Saionara Rusch

otros factores maternos, de cuatro a ocho horas, y se puede prolongar hasta 24 horas sin complicaciones. De todos modos, si transcurren más de ocho horas es aconsejable consultar al veterinario.

Durante el parto las pérdidas generalmente son abundantes, de color verde oscuro y con trazas rojizas. Su olor es intenso pero no putrefacto. Por el contrario, si aparecen amarillentas, purulentas o malolientes podría existir una infección en el útero, con grave peligro para la madre y para los pequeños. Las mencionadas pérdidas verdosas pueden aparecer también algunas horas antes del parto del primer cachorro, y se deben a la emisión de sangre estancada, producto de hematomas marginales consecuencia del desprendimiento de la placenta. En caso de dificultad se puede recurrir al parto por cesárea, que realiza el veterinario con anestesia general.

En las 24 horas siguientes al parto hay que hacer que el veterinario visite a la perra, especialmente si se produce un aumento repentino de la temperatura.

Unica del Roxius

Es importante comprobar asimismo que el útero siga el proceso involutivo normal. Durante los días que siguen al parto, el útero se retrae, y se expelen membranas y coágulos. Si este fenómeno se prolonga, tiene una intensidad excesiva o si se acusa un olor putrefacto, habrá que consultar al veterinario.

A causa del alto número de cachorros nacidos, algunos días después del parto puede aparecer una forma de tetania por carencia de calcio, ya que este último se acumula en la leche producida (eclampsia puerperal).

Tras el parto la hembra permanece durante mucho tiempo en la caja, y no es fácil alejarla de allí. Se ha de tener cuidado porque es particularmente agresiva con los extraños y con los otros perros, debido al instinto que le hace defender a su prole.

La lactancia dura entre 40 y 50 días hasta el destete, pero ya desde el 20.º-25.º día se la puede ayudar con la alimentación artificial de los cachorros.

Durante la lactancia hay que comprobar que los pezones no le duelan al tacto y que todos den leche.

La pseudogestación

Esta circunstancia es bastante frecuente y puede presentarse incluso en perras normales. Los síntomas aparecen a los dos meses del último celo y recuerdan a los que manifiesta una perra gestante normal: hambre, sed, tal vez vómito, intranquilidad y en algunos casos aumento del volumen abdominal. La lactancia aparece en el último período y comporta serios problemas de mastitis, desde el momento en que no hay cachorros para succionar la leche. La causa de esta patología parece ser que se debe a la producción anómala de progesterona hemática.

El carácter y las aptitudes naturales

Entre los perros de defensa, el boxer es quizás el único verdaderamente «seguro» en toda circunstancia: aunque el amo cometa errores de educación o de adiestramiento es casi imposible que esta raza se vuelva exageradamente agresiva, que se vuelva contra el propietario o que ataque a un niño.

La razón de ello debe buscarse en la óptima selección caracteriológica que el hombre ha llevado a cabo en la raza, porque ya hemos visto que los boxer originarios no eran ni dulces ni dóciles: hicieron falta unos veinte años para obtener un perro verdaderamente equilibrado partiendo de «animales ariscos», como se definía a los primeros ejemplares. En cualquier caso, desde el final de los años veinte, el boxer comienza a tener un carácter equilibrado y a demostrar altas dotes de coraje y combatividad —necesarias en el perro de defensa— unidas a una gran sociabilidad y a una elevada docilidad (típicas del perro de compañía): desde entonces se continuó trabajando a favor de esta combinación, hasta llegar a un perro capaz de defender al amo incluso a costa de su vida, pero de revelarse al mismo tiempo como un espléndido y seguro compañero de juegos (con dotes adicionales de canguro) para los niños de la casa y para sus amigos, incluso desconocidos.

Hoy en día, en que las páginas de sucesos de los periódicos tratan con cierta frecuencia de agresiones de perros (aunque casi siempre las responsabilidades son humanas), la dulzura hacia los niños es una dote tan buscada que muchos conocidos míos me han confesado que escogieron un boxer sólo por este motivo, a

Ch. It., Int., Club, Bundessiegerin austríaca Braia di Valdemone. *El boxer es «precioso» sólo cuando se aprende a observarlo desde la perspectiva adecuada*

pesar de considerarlo —al menos al principio— decididamente feo. Sin embargo, después de unos meses de convivencia, estas personas han aprendido a mirar a su boxer con otros ojos (casi asombrándose de encontrarlo en un momento determinado «precioso») y, sobre todo, han comprendido que la docilidad con los niños sólo era una gota en el mar de las dotes caracteriológicas que distinguen a la raza.

En efecto, sobre otras características del boxer se lee con menor frecuencia en libros y revistas: es más fácil descubrirlas con la convivencia y, cuando se descubren, uno queda felizmente sorprendido. Hablo, por ejemplo, de la extraordinaria intuición que permite a estos perros entender en seguida si una persona está alegre, nerviosa, tensa, o incluso si está mintiendo. Una amiga, amante del boxer, que había tenido un serio problema de salud, me contó una anécdota reveladora: ella insistía en saber toda la verdad, pero temía que su marido, de acuerdo con los médicos, se la ocultase. Así, cuando el marido le hablaba de los resultados de sus análisis, ella miraba al perro a la cara: la expresión del boxer era una implacable «máquina de la verdad», como le confirmó su propio marido a la conclusión (afortunadamente feliz) de todo el asunto.

Otra característica peculiar del boxer es su inagotable alegría de vivir: se trata de un hecho conocido, pero no es tan fácil describir de qué forma esta alegría se transmite también al «grupo humano» de la familia.

Cuando se es dulce y bueno, ni siquiera el instinto depredador puede vencer el deseo de ternura

En efecto, la alegría del boxer es contagiosa: a menudo basta que el perro corra a nuestro encuentro en casa para hacernos fiestas y nosotros olvidamos de golpe los problemas laborales (incluso graves) que quizá nos habían preocupado durante toda la mañana.

ENTRE EL MACHO Y LA HEMBRA, ¿CUÁL ES EL MEJOR GUARDIÁN?

Muchas personas creen que sólo el macho puede resultar un buen guardián, porque sólo él defiende el territorio de los intrusos: en realidad la hembra no está particularmente interesada en el territorio; en efecto, no lo «marca» con la orina como el macho. No obstante, cuando vive en un lugar preciso que considera «cubil», la hembra lo defiende a capa y espada porque su instinto la lleva a proteger la camada que podría hallarse en su interior, aunque no haya cachorros (y quizá no los haya nunca); además, suele hacerlo con un ímpetu aún mayor que el mostrado por el macho. No hay motivo para dejarse condicionar por el sexo en la elección de un cachorro futuro guardián: macho y hembra tienen motivos distintos, pero ambos muy válidos, para querer mantener alejados a los intrusos.

Ch. Chocis del Rolanus. *El aspecto del boxer indica claramente valor y combatividad*

Tener un boxer a nuestro lado es como tener a alguien que te repite constantemente (y con profunda convicción) «arriba esa moral, no vale la pena preocuparse, todo tiene remedio»: su amor por la vida y por todos los seres vivos es tan espontáneo y natural que es imposible no dejarse llevar.

Podría continuar con muchos ejemplos de este tipo, pero las palabras pueden dar sólo una vaga idea de lo que significa vivir con un boxer y compartir con él años de amistad, de cariño y de activa colaboración.

Así pues, dejemos a un lado las emociones (dado que es mejor vivirlas que contarlas) y centrémonos en un análisis más científico del carácter del boxer, examinando algunos de los distintos componentes.

Comencemos considerando el componente agresivo, que en esta raza es de grado medio-alto. Recordemos que la *agresividad*, en sentido etológico, no es el impulso a atacar indiscriminadamente (incluso sin motivo), sino la capacidad de reaccionar físicamente ante un peligro potencial. Un componente derivado de la agresividad es la *combatividad*, que representa la capacidad de seguir luchando aunque se reciban estímulos desagradables o dolorosos. En el boxer la combatividad es muy alta.

Es difícil dar una definición precisa de «valor» canino. No se puede comparar con el humano, porque el hombre heroico, por ejemplo, se lanza a las llamas para salvar a una persona en peligro, sabiendo que arriesga la vida. Un perro no lo sabe porque no conoce el significado de la palabra «muerte». Sin embargo, podemos afirmar que el perro valiente es el que afronta una situación peligrosa aunque podría evitarla con la fuga. Al boxer no le falta valor.

El boxer es un perro muy *curioso* y esta es una gran cualidad, porque a menudo ayuda a obtener los mejores resultados en adiestramiento. Estos son óptimos si la curiosidad va unida a la *docilidad*, que es la facilidad con que un perro acepta obedecer al hombre, entendido como su superior jerárquico. El boxer es un perro dócil, lo cual no significa que sea un cobarde dispuesto a someterse al primero que levante un poco la voz. En realidad el boxer es dócil sólo si su amo (entendido como jefe de jauría) ha logrado obtener su cariño y respeto. En caso contrario puede parecer un perro terco, indiferente a las órdenes y sordo a las llamadas.

Una característica completamente distinta es la de ser muy posesivo, que debe entenderse como la capacidad de considerarse «propietario» de algo o de alguien y que es fundamental en distintas fases del adiestramiento. También la defensa del amo está relacionada con la posesividad, porque el perro no defiende a un hombre que no considere «suyo». En el boxer el sentido posesivo es bastante elevado.

Dos características, relacionadas entre sí e importantes para evaluar la aptitud para la vida social, son la *reactividad* y la *vigilancia*. La primera se mide según la rapidez con la que el ejemplar responde a un estímulo externo, positivo o negativo. El boxer posee reactividad media. La segunda hace referencia en particular a la rapidez con la que el perro responde a un estímulo que representa un peligro potencial para él o para su amo. La vigilancia es una cualidad indispensable para un perro de guardia. También en este caso la respuesta del boxer es media.

Por último consideraremos la *sociabilidad*, una característica muy desarrollada en el boxer, que le permite la integración sin problemas en cual-

Es valiente el perro que afronta el peligro y los riesgos en lugar de escoger la solución de la fuga

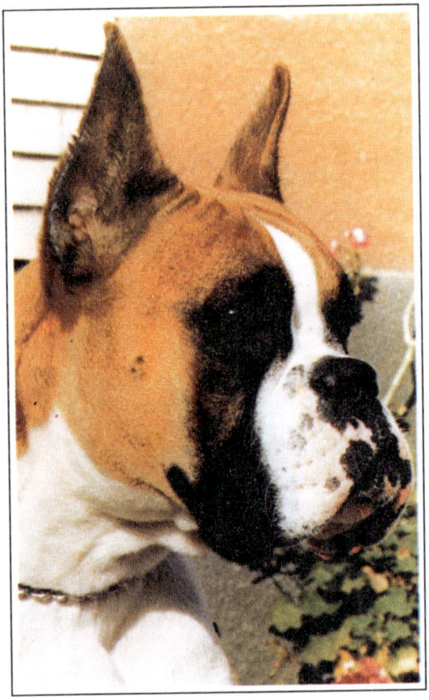

La vigilancia se relaciona con la defensa del territorio (estudio de cabeza de Hagel del Rolanus*)*

UN PERRO... FUTBOLISTA

Entre las características típicas del boxer se incluye la de luchar con todo el cuerpo y no sólo mordiendo: también en el juego el boxer tiende a «abatir» a su adversario a patadas antes de utilizar la boca. Aprovechando esta peculiaridad y uniéndola a la pasión de todo boxer por el balón, la New York Agency ha logrado componer un simpático equipo de boxer... futbolistas, que dejan boquiabiertos a los espectadores, comportándose como los humanos. Cabezazos, «paradas» espectaculares y muchos otros ingredientes han permitido el éxito de este equipo que realiza giras por todo el mundo y que también ha estado en España.

quier ambiente, humano o canino. *La sociabilidad intraespecífica*, es decir, la sociabilidad con otros perros, depende mucho de cómo fue criado el ejemplar de cachorro: si vivió en contacto con otros perros jugará de buen grado con todos incluso cuando sea adulto.

Lógicamente, si el otro perro es de su mismo sexo y su actitud es desconfiada o arisca, las cosas cambian: el boxer sabe pelear con el mismo entusiasmo que pone en el juego... pero con resultados mucho menos divertidos. En cambio, la *sociabilidad interespecífica*, es decir, la actitud para convivir con otros animales, es siempre elevada. Precisamente esta es la que permite al boxer convivir perfectamente con las personas y que le permite también hacer amistad con animales distintos (por ejemplo los gatos), con los que a menudo establece vínculos de auténtica complicidad. Esto sucede, lógicamente, entre animales que viven juntos o que se conocen muy bien; de lo contrario vence el instinto depredador que, en cualquier caso, puede frenarse con el adiestramiento.

La elección del cachorro

Dónde comprarlo

Una camada de boxer es siempre irresistible: son graciosos, torpes, verdaderos payasitos que se podrían observar durante horas y horas.
Y al final, naturalmente, tendríamos ganas de llevárnoslos todos a casa, aunque sólo podamos quedarnos con uno. ¿Cómo orientarse en la elección? Todo depende del lugar en que nos hallemos: criadero, piso particular o comercio.
Si nos hallamos en un criadero, lo único que debemos hacer es pedir consejo al criador, explicándole claramente qué tipo de perro queremos. El criador es un experto, el único capaz de identificar características psicofísicas precisas de los cachorros, incluso cuando tienen sólo dos o tres meses de vida; pero esta experiencia no servirá de nada si pedimos cosas que no se corresponden con nuestras necesidades reales. Por ejemplo, es absurdo pedir «el perro más bonito de la camada» si no tenemos la menor intención de llevarlo a exposiciones o si su propietario será una persona mayor: es mucho más lógico, en este caso, pedir el cachorro más tranquilo, menos dominante, más dócil. Es igualmente ilógico pedir un cachorro de gran temperamento si nunca hemos educado o adiestrado a un perro, ni nos interesan las pruebas de trabajo: el «gran temperamento» servirá sólo para crearnos problemas, porque el cachorro se nos subirá bien pronto a las barbas.
Cuando nos dirigimos a un buen criadero (como se debería hacer *siempre*, con mayor motivo si se

¿Cómo escoger entre una camada tan homogénea? (Camada leonada de Quamor del Master Tampecc x Agnese di Soragna*)*

habla de perros de defensa) lo hacemos para tener la seguridad de no recibir sorpresas y de hallar sólo cachorros sanos, típicos, en buenas condiciones psicológicas.

Entonces, ¿para qué pedir ciertas características, sobre todo cuando no nos interesan?

Quien tiene el vicio de pedir siempre y sólo el cachorro «más bonito» parece pensar que, a falta de esa exigencia, el criador estará dispuesto a colocarle un monstruo; pero no es en absoluto así, porque un buen criadero no produce monstruos.

Todos los cachorros serán bonitos, pero sin duda alguno destacará por sus cualidades particulares de tipicidad. Sin embargo, se tratará de pequeños detalles, que notarán sólo los jueces en las exposiciones. Para nosotros (y para la mayoría de la gente) no habrá diferencia alguna entre el «mejor» y el «peor» ejemplar de la camada. En cambio puede suceder:

— que el «más bonito» sea también el más dominante, el más agresivo, el más terco y testarudo, y que necesite una mano firme, segura y experta para el adiestramiento. Si estamos comprando nuestro primer perro, un cachorro con este carácter podría darnos muchos problemas;
— que el criador, basándose en nuestra exigencia estética, se

¿CACHORRILLO, CACHORRO O ADULTO?

Algunas personas prefieren el cachorro que tiene ya cinco o seis meses al cachorro muy pequeño: en parte porque piensan así que se salvarán del pipí en casa, de los zapatos mordisqueados y de todos los desastres típicos, en parte porque tienen la secreta esperanza de poder «ver más» en el perro más grande, y de tener más posibilidades de llevarse a casa un campeón en potencia.

Digamos en primer lugar que esta segunda esperanza resulta poco fundada. En efecto, las posibilidades se ven mejor en un cachorrillo de veinte días que en uno de cinco meses porque este último está en plena fase de crecimiento y por tanto aparece «deshecho», como se dice en jerga. La cabeza debe completarse, los ángulos son completamente distintos de como aparecerán en el perro adulto, el perro parece más alto detrás que delante, etc. Un cachorro que a esta edad pareciese perfecto probablemente se convertiría en un pésimo adulto, mientras que el futuro campeón, a los cuatro o cinco meses es siempre... horroroso.

La realidad es que son igualmente horrorosos los perros mediocres, por lo que este es precisamente el período en que los criadores se preocupan sólo de alimentar bien al perro y de procurar que haga el ejercicio físico adecuado, olvidando todo lo demás y trasladando los análisis y esperanzas a los meses sucesivos.

En cuanto a los desastres en casa, no es seguro que el cachorro ya grande no los cometa: si ha vivido en un box no tendrá ninguna noción de la limpieza doméstica y por tanto hará pipí en la alfombra exactamente igual que el cachorrillo.

En cuanto a mordisquear, precisamente hacia los cuatro o cinco meses es cuando el perro cambia los dientes, comienza a sentir una terrible molestia en la boca y se desahoga con zapatos, muebles, etc.

Otro problema importante: si el cachorro ha vivido siempre en un criadero, ya habrá sido parcialmente educado y, en cualquier caso, modelado por otra persona distinta del amo. Si ha vivido en una perrera en compañía casi exclusiva de sus congéneres y si ha visto al hombre sólo a la hora de las comidas podría estar poco socializado o presentar incluso un síndrome de perrera, que hace al perro temeroso del hombre y difícilmente recuperable.

El caso del adulto es muy distinto: tiene sentido adquirir un perro adulto si se necesita un perro ya adiestrado, si se quiere un vencedor seguro en exposición o un semental probado.

Razones como esta dan validez a una decisión que, no obstante, presenta aspectos negativos. En efecto, el perro (como ya hemos dicho en el caso del cachorro) nunca será del todo «nuestro» perro, porque habrá sido criado por una mano distinta. Hay que decir que si ha sido una buena mano tendremos sin duda un buen perro, que desde luego se encariñará mucho con nosotros. Pero nunca será como si lo hubiésemos criado, educado y adiestrado personalmente.

Para un anciano resultará más indicado un cachorro tranquilo y dócil (Havril del Rolanus)

EL TATUAJE

La ley prevé que los perros deben ser tatuados y registrados en el censo canino. Este procedimiento puede ser muy útil en caso de extravío, porque a través del tatuaje es posible hallar de inmediato al propietario del perro.
No hay de qué preocuparse: el tatuaje, realizado generalmente en la parte interna del muslo, es absolutamente indoloro (gracias a una pequeña anestesia local) y el perro simplemente siente curiosidad por esta operación.
Actualmente la disparidad de códigos ha llevado a optar por un sistema alternativo llamado microchip, que además de no presentar problemas estéticos, no necesita anestesia ni reimplantación. La reforma de la Ley de Protección de los Animales obliga a la identificación de todos los perros por tatuaje o microchip.

convenza de que queremos un perro de exposición y que si un año más tarde, descubre que su potencial campeón no sale nunca del jardín de casa, se lo tome a mal (con toda la razón del mundo);
— que otra persona, verdaderamente interesada en un perro de exposición, se encuentre «privada» del cachorro que necesitaba por un equivocado capricho nuestro. Así esta persona (que no conocemos, pero que es un cinófilo como nosotros y que merece nuestro respeto) deberá esperar meses o años para volver a encontrar un cachorro con las mismas cualidades, mientras nosotros «desperdiciamos» la belleza de nuestro perro.

Así pues, más vale ser claro y honrado; pida un cachorro a su medida y no una utopía genérica (precioso, muy valiente, muy dócil, etc.).

La información que debe darse al criador

Si quiere obtener el perro adecuado para usted, déle siempre al criador la siguiente información:

a) cómo está compuesta su familia, si hay niños, cuántos y de qué edad. Con quién vivirá el perro preferentemente;

b) qué espera exactamente del perro (guardia, defensa, exposiciones, pruebas de trabajo; pero también compañía, excursiones a la montaña, actividades de canguro, etcétera);

Ch. Int., It., Repr., D. Bundess., Ost Jarhes, VDH Sieger Marvin del Gran Mogol

Ch. Orion di Valdemone

c) cómo y dónde vivirá el perro (en casa, en el jardín, a menudo solo, casi siempre en compañía del amo);

d) cuánto tiempo podrá dedicarle;

e) cuántos y qué perros ha tenido antes que este.

Basándose en estos datos —si han sido precisos y sinceros— un buen criador sabrá identificar a su cachorro ideal. También es posible que le pida que lo piense, porque el boxer podría no parecerle el perro adecuado para usted (o viceversa, usted podría no parecerle el amo ideal para un boxer). Dado que un criador serio y concienzudo se interesa en primer lugar por el bienestar de sus cachorros (aunque también por el de los futuros amos), si le dice algo semejante reflexione a fondo y no se limite a ofenderse y a correr a comprar un boxer en otro lugar. Piense que el criador debe tener motivos muy fundados para pedirle que lo piense bien: desde luego, no lo hace por despecho, dado que es él el primer perjudicado al perder la venta.

El boxer es un perro adecuado para casi todo el mundo, pero tiene absoluta necesidad:

ANTES DE QUE LLEGUE EL CACHORRO

Mañana iremos a buscar a nuestro cachorro: la emoción es enorme, pero no debe hacernos olvidar los aspectos prácticos.

Para no correr el riesgo de tener una crisis cuando el cachorro esté ya en casa, quizá porque no sepamos qué darle de comer, dónde ponerlo a dormir, etc., preparemos todo lo necesario con tiempo.

Necesitaremos un collarcito (que no sea de nudo corredizo: el perro es aún demasiado pequeño), una ligera traílla de cuero, una colchoneta, dos escudillas de acero (las de plástico son más baratas, pero el cachorro las mordisquea) y algunos juguetes. Además de las habituales pelotitas, los huesos de piel y los muñecos de goma, aconsejo vivamente la preparación de un animalito de peluche que se situará junto al cachorro la primera noche. Este «hermanito sintético» a menudo evita llantos, y ladridos, porque el cachorro se siente acompañado.

En cuanto a la alimentación, pregúntele al criador qué suele comer el cachorro: haga que a su llegada encuentre ya lista su habitual y apreciada comida, con lo que logrará que se sienta en casa y evitará que un brusco cambio de alimentación le provoque problemas intestinales.

A los sesenta días el cachorro puede llegar a su nueva casa: preparémonos con tiempo para acogerlo

Estudio de cabeza del Ch. Elthon del Rolanus

a) de un contacto humano constante, que sea activo y no pasivo: no basta «estar ahí», es preciso tener una verdadera relación con él;
b) de una buena educación y a ser posible de un buen adiestramiento;
c) de vivir una vida adecuada a sus características físicas: por ejemplo, no es un perro que pueda pasarse todo el día en un piso, ni un perro que pueda esperar a su amo en el coche durante largas horas (sobre todo en verano, cuando sin duda sufriría problemas respiratorios).

Sólo si cree que es el amo adecuado para un boxer puede buscar el ejemplar ideal para usted.

El particular o el comercio

Si no tiene necesidades especiales (perro para exposiciones o para pruebas de trabajo) puede adquirir el perro en las tiendas especializadas o a un particular. Pero asegúrese siempre de que el cachorro:
a) tenga más de cincuenta días. Aparte de los posibles problemas de salud, un perro más joven no puede haber sido adecuadamente socializado. Ello significa que no habrá aprendido el «comportamiento» canino y que podría tener serios problemas con los demás perros;

b) haya sido desparasitado, vacunado y tatuado. Exija *siempre* la cartilla sanitaria y no se conforme con palabras tranquilizadoras no acompañadas de pruebas;

c) esté provisto de documentos oficiales, es decir, de un pedigrí en regla: si no lo tiene, no es un perro puro de raza.

Recuerde que un cachorro nacido en España deberá haber sido inscrito en el LOE (Libro de Orígenes Español), el único administrado y reconocido por la RSCFRCE. El pedigrí de esta sociedad necesita un período relativamente largo, por lo que el vendedor deberá entregarle un certificado del pedigrí (con los nombres de los padres y de los abuelos) y un certificado de la inscripción en el LOE con la fecha correspondiente.

Si el cachorro ha nacido en el extranjero deberá tener pedigrí de un país afiliado a la FCI (Federación Cinológica Internacional) o reconocido por esta. También en este caso, exija un certificado con la firma del vendedor y no se conforme con una afirmación genérica de que «el pedigrí llegará». No son pocos los pedigrís que no llegan nunca: en algún caso excepcional porque el vendedor ha actuado de mala fe, y en otros la mayoría, porque el propietario de la reproductora no sabía cómo y cuándo se inscriben los cachorros.

Recordemos que el pedigrí es un documento que refleja los datos de nacimiento, propiedad y genealogía del perro. El pedigrí lleva un número que viene a ser el carnet de identidad del perro mientras viva, y que certifica que ha sido inscrito en el Libro de Orígenes Español (LOE), cuya depositaria es la Real Sociedad Central Canina. Este número es necesario para participar en exposiciones así como para inscribir la descendencia del ejemplar en el LOE. Para ello se necesita:

1. Certificado de salto: firmado por los propietarios del macho y de la hembra.
2. Número de LOE del padre.
3. Número de LOE de la madre
4. Detalle de la camada, características de la misma, número de ejemplares, afijo del criador, etc.

Análisis de una camada

Si los cachorros resultan perfectamente correctos desde el punto de vista higiénico y sanitario y si están provistos de documentos en regla, podremos buscar entre ellos a nuestro futuro amigo. Las indicaciones que vamos a dar resultan válidas más que nada para la camada del particular.

Ya hemos visto que en el criadero no tenía sentido pedir el cachorro «más bonito» (a menos que quisiéramos un perro de exposición), pero en este caso conviene prestar un poco de atención. En efecto, no es seguro que nos hallemos ante una bonita camada rica en tipicidad.

Si es usted profano, no crea que podrá aprender con un libro a distin-

En la camada siempre debe buscarse la homogeneidad (cachorros de Valdemone)

Ch. It., Club, SchH III, Quasimodo del Cernunnos

guir cuál es el cachorro más prometedor entre los cinco o seis que mueven la cola a su alrededor. Para conseguirlo se requieren años de experiencia y de estudio y, desde luego, no bastan unas pocas líneas. Lo que podemos ayudarle a distinguir es si estamos en presencia de una camada realmente típica.

1. Observe a todos los perros juntos y trate de ver si hay homogeneidad. Una buena camada no debe tener ejemplares muy distintos entre sí (lógicamente no hablamos del color, sino de la talla, del peso, de la forma del hocico, etcétera), es más, cuanto más se parezcan, mejor.
2. Estudie lo más a fondo posible fotos de bonitos cachorros de boxer (mejor si logra encontrar los «recuerdos de infancia» de los campeones, que a menudo se publican en los libros) y observe si hay cierta similitud. De esta forma, no logrará ver la diferencia entre un futuro campeón y un futuro «perro cualquiera», pero al menos debería distinguir... ¡si estos son boxer!
3. Coja un cachorro (uno cualquiera), póngalo sobre una mesa o

¡Quiero hacerme mayor!» (Lothar *y* Anya degli Etruschi)

SI ES UN MACHO... ¡QUE LO SEA DE VERAS!

Si no compra el cachorro en un criadero (en cuyo caso será el propio criador el que se preocupará de ello), verifique cuidadosamente los testículos. El descenso en el escroto, en un cachorro de boxer, debe ser bastante precoz. Por lo tanto, si a los dos o tres meses faltase aún algo, no acepte que se le diga vagamente que bajarán tarde o temprano. Recordemos que el monorquidismo (falta de un testículo) o el criptorquidismo (falta de ambos testículos) excluyen al perro de las exposiciones: no se trata de tonterías, sino de defectos gravísimos. Un perro monórquido o criptórquido no tiene valor comercial alguno: puede ser vendido por una cifra realmente pequeña a quien desea sólo un ejemplar de compañía, pero el amo deberá evitar absolutamente utilizarlo en la reproducción, porque el problema es genético y sería transmitido a la descendencia.

*Cuando se adquiere un macho, es importante asegurarse de que los testículos estén bien descendidos al escroto (*Ron del Gran Mogol *a los cuarenta días)*

Observando la cabeza del cachorro desde distintas angulaciones podremos evaluar sus parámetros (foto S. Pancaldi)

*En el cachorro el color del manto ya es conforme al estándar (*Regina *y* Reda del Gran Mogol *a los cuarenta días)*

Serán famosos (Argot *y* Anya degli Etruschi)

sobre cualquier plano elevado y trate de «emplazarlo», es decir, de equilibrarlo bien sobre las cuatro patas. No lo logrará hasta realizar varios intentos; tenga paciencia.

Una vez que el cachorro está (más o menos) emplazado, observe:

— la estructura: el cachorro debería estar ya en el cuadrado, es decir, la longitud del tronco debería ser más o menos igual a la altura;
— la osamenta: debe estar ya bien desarrollada;
— los aplomos: ya deben ser correctos y no presentar desviaciones hacia dentro ni hacia fuera;
— el tórax, que ya debe tener un buen desarrollo en las tres dimensiones, aunque aún no puede estar bien descendido;
— el cráneo; si es muy redondeado, tendremos un perro con un cráneo globular, indeseado. Si es «de tejado», podremos esperar un buen cráneo anguloso y plano entre las orejas;
— las mandíbulas; deben ser firmes, bien dibujadas, y ya debe ser bastante evidente el prognatismo (hablamos de un cachorro de dos meses ya que en los más jóvenes aún no se ve nada);
— la posición y el color de los ojos, que deberán ser lo más oscuros posible (el color es definitivo a partir del segundo mes);

— el color del manto, que ya deberá reflejar los dictados del estándar.

A esta edad no hay mucho que ver, pero después de repetir por enésima vez que nunca deberá buscar por sí solo un perro de exposición, ahora decimos que si todo le parece en regla casi podrá tener la certeza de haber hallado una camada de «verdaderos» boxer. Asegúrese de que su carácter sea abierto, amistoso, de que no le teman y de que demuestren la alegría de vivir típica de la raza, luego escoja sin miedo el que le sea más simpático, el que le ha conquistado a primera vista... o el que parezca tener madera de campeón.

Es muy difícil que llegue a serlo verdaderamente en el ring (tendría usted una enorme suerte) pero sin duda lo será en su corazón y en el de su familia.

Los test de Campbell

Una vez efectuada la elección, es aconsejable, a fin de evaluar el comportamiento del cachorro, someterlo a una serie de test elaborados, hace quince años, por el etólogo norteamericano Campbell. Estos test se basan en cinco ejercicios, realizables en pocos minutos y fáciles de interpretar, capaces de proporcionar indicaciones útiles sobre el temperamento básico del animal.
Para efectuar los test, es necesario que el futuro propietario esté solo y que el cachorro sea llevado a un rincón tranquilo, alejado de posibles distracciones. El animal deberá ser tratado con dulzura, evitando hablarle; luego se marcarán los resultados obtenidos en la tabla de evaluación (ver pág. 81) indicando las letras A, B, C, D o E, que le permitirá tener una idea precisa de las reacciones del cachorro. Los cinco ejercicios son los siguientes.

1. *Test de atracción social.* Coloque el animal en el lugar escogido, luego aléjese unos metros, agáchese e invítele a acudir junto a usted dando palmadas. El pequeño se dirigirá hacia usted, con la cola baja o levantada, o bien no acogerá la invitación. Estas reacciones permiten saber si es sociable, confiado o independiente.

2. *Test de aptitud para seguir al hombre.* De pie cerca del cachorro, aléjese caminando normalmente. Según su reacción —si le sigue o no— es posible establecer su grado de apego al hombre o su grado de independencia.

3. *Test de obligación.* Tienda al animal de espaldas y, poniéndole una mano sobre el pecho, oblíguele a mantener esta posición durante al menos treinta segundos. Su reacción de defensa o de sumisión traduce la tendencia a aceptar o no un dominio físico o social. El cachorro puede debatirse, gemir, morder o simplemente jugar.

4. *Test de dominio social.* Haga que el animal se tumbe y luego acarícielo lentamente, bajando desde la cabeza hasta el cuello y el lomo. Su reacción ante las caricias indica la aceptación o el rechazo del dominio social por parte del experimentador. Un ejemplar dominante intentará rebelarse y morder, o bien gruñirá; el independiente se limitará a sustraerse al contacto físico. Un cachorro sumiso será más fácil de educar.

5. *Test de dominio en elevación.* Levante al cachorro del suelo con las manos entrelazadas debajo del vientre, con las palmas hacia arriba, y manténgalo en esta posición durante al menos treinta segundos. El animal ya no tiene control alguno y está completamente a

TABLA DE LECTURA DE LOS TEST DE CAMPBELL (SEGÚN LOS RESULTADOS OBTENIDOS DURANTE LOS EJERCICIOS)

TEST DE ATRACCIÓN SOCIAL

A) Se acerca fácilmente, con la cola levantada, saltando y mordisqueando las manos.
B) Se acerca fácilmente, con la cola levantada, moviendo la pata hacia las manos.
C) Se acerca fácilmente, pero con la cola baja.
D) Se acerca vacilando, con la cola baja.
E) No reacciona.

TEST DE APTITUD PARA SEGUIR AL HOMBRE

A) Sigue fácilmente, con la cola levantada, intentando morder los pies.
B) Sigue fácilmente, con la cola levantada, manteniéndose al pie.
C) Sigue fácilmente, pero con la cola baja.
D) Sigue vacilando y con la cola baja.
E) No sigue o se aleja.

TEST DE OBLIGACIÓN (30 segundos)

A) Reacciona, da golpes con la pata, muerde, gruñe.
B) Reacciona, da golpes con la pata.
C) Se debate y luego cede.
D) No se mueve, lame las manos.

TEST DE DOMINIO SOCIAL (30 segundos)

A) Reacciona, da golpes con la pata, muerde, gruñe.
B) Reacciona, da golpes con la pata.
C) Se agita, lame las manos.
D) Se tiende sobre el dorso, lame las manos.
E) Se aleja sin regresar.

TEST DE DIGNIDAD (dominio en elevación) (30 segundos)

A) Se debate con fuerza, muerde, gruñe.
B) Se debate con fuerza.
C) Se debate, se calma, lame las manos.
D) No se debate, lame las manos.

merced del experimentador. Su reacción indica el grado de aceptación del dominio humano.

Al concluir los test, el cachorro deberá ser recompensado con caricias y felicitaciones, independientemente de su comportamiento, y luego devuelto a la madre.

Resultados de los ejercicios con el cachorro

Dos o más A con B: tiende a reaccionar de forma dominante; se le deberá tratar con la debida firmeza, aunque mostrándose dulces y afectuosos.

Tres o más B: tiende a dominar y se muestra audaz, pero sin exageración; podrá ser educado fácilmente, siempre que sea por las buenas.

Tres o más C: muy equilibrado, no es ni dominante ni sumiso; su educación no planteará problemas particulares y podrá ser adoptado incluso por una familia con niños o por un anciano.

Dos o más D con una o más E: de carácter sumiso, le falta probablemente la confianza en sí mismo. Necesitará afecto y particulares atenciones.

Dos o más D con E en la sección dominio social: bastante temeroso y estresado, podría —en presencia también de A y B— reaccionar mal ante un castigo, impulsado por el miedo. Si aparecen también C y D, el animal podría volverse tímido. Necesitará sentirse querido y vivir en un ambiente tranquilo.

Lógicamente, estos test no tienen un carácter estrictamente científico y sirven simplemente para establecer las tendencias básicas del cachorro. No obstante, este comportamiento inicial podrá verse muy influido, durante los años sucesivos, por la forma de vivir y por la educación. Así pues, los ejercicios se presentan a título puramente indicativo, sin pretensión alguna que constituyan un criterio definitivo para la elección y adquisición del cachorro. Deben considerarse más bien una guía útil para lograr una mejor convivencia con el futuro compañero de vida.

La cría del cachorro

La llegada a la nueva casa

Tan pronto como el cachorro entra en su nueva casa, es preciso dejarlo muy tranquilo: está estresado del viaje, asustado, cansado, y podrían molestarle incluso los mimos, si son excesivos.

Es mejor dejarle inspeccionar un poco la casa, poner a su disposición un cubil (por ejemplo una caja grande) donde refugiarse, y permitirle dormir con un buen sueño reparador.

En cuanto se despierte, probablemente, el cachorro hará sus necesidades en un lugar cualquiera. Por esta vez no intervendremos, fingiremos que no pasa nada y limpiaremos cuando el cachorro no nos vea.

Cuando haya descansado y lo haya husmeado todo, podremos jugar un poco con él: también deberemos acariciarlo, alimentarlo y hacer que se sienta seguro y entre amigos.

No lo confundamos con demasiadas palabras, demasiados gestos y demasiadas personas: el futuro amo, aquel con quien deberá vivir la mayor parte del tiempo, deberá ser ya la presencia dominante. Los demás podrán acariciarlo un poco, mostrarse gentiles y amistosos, pero no deberán sofocarlo con excesivas atenciones.

La primera noche será muy difícil que el cachorro acepte dormir solo. Se puede obtener algún resultado con el viejo sistema del despertador envuelto en un trapo (que debería recordarle el latido cardíaco de la madre) colocado en la colchoneta, a su lado, pero la mayoría de los cachorros... no pica. Es mucho más eficaz la presencia de un «hermanito» ficticio, como un gran perro o

Los cachorros están a menudo en estrecho contacto entre sí, y por eso el pequeño «single», solo en su nueva casa, puede desesperarse (Argot *y* Anya degli Etruschi)

gato de peluche: el cachorro no se plantea problemas de raza, lo importante es que sea algo cálido y peludo. El despertador puede unirse al juguete para aumentar la ilusión de un ser vivo.

Si el pequeño no demuestra apreciar esta compañía, ofrézcale la suya. No es justo dejarlo aullar desesperado toda la noche, porque no se trata de un capricho: se siente verdaderamente asustado e infeliz.

Si no quiere al perro en la cama, coloque su cestita o su colchoneta en el suelo, junto a usted; de vez en cuando estire una mano para acariciarlo y tranquilizarlo.

En cambio, es un error dejarlo subir a la cama (a menos que pretenda tenerlo allí toda la vida), porque unos días más tarde, al impedirle volver a ella, se mostraría incoherente y a sus ojos perdería bastantes puntos como jefe de jauría. Así pues, un «no» seco y decidido deberá disuadir al cachorro de la idea de

Ch. Elliot del Rolanus

dormir bajo las mantas; es mejor que permanezca en su propia cama. Allí será acariciado y mimado, pero siempre sin exageraciones (de lo contrario podría adquirir el vicio de aullar con desesperación cada vez que tenga ganas de caricias, quizá a las tres de la madrugada).
Cuando se haya compenetrado con la familia y habituado a la casa, podrá desplazar su cama a otra habitación sin parecer poco coherente. En efecto, lo que usted le pide es que duerma en la perrera (o colchoneta, o cestita) habitual, independientemente del lugar en que esta se halle. Las posibles protestas del cachorro, en ese momento, deberán cortarse con un seco «no»: estos son *verdaderos* caprichos y no hay que ceder en absoluto.
Recuerde poner su perrera en un lugar tranquilo y silencioso de la casa (nunca en la habitación de los niños, por ejemplo, ni tampoco cerca de la televisión); el cachorro,

pero después también el perro adulto, debe disponer de un lugar en el que poder estar tranquilo y sin ser molestado incluso de día.
Se trata de una auténtica necesidad que deberá respetarse: enseñe sobre todo a los niños a dejarlo siempre en paz cuando está en su perrera.

La educación del cachorro

Los días sucesivos a la llegada del cachorro serán muy intensos para todos. En efecto, el perro debe adoptar un papel muy preciso dentro de la familia.
Esperando que ya haya reconocido en el amo a su jefe indiscutible (y sólo se convencerá de ello si este se ha mostrado fuerte, paciente, coherente, nunca nervioso ni violento o de humor variable), el cachorro irá poniendo a prueba poco a poco a todos los miembros de la familia, para ver si encuentra alguno al que pueda someter.
El primero que se rinda, que demuestre temor si para jugar él ladra o gruñe, que no insista lo sufi-

Imperatore del Master Tampecc

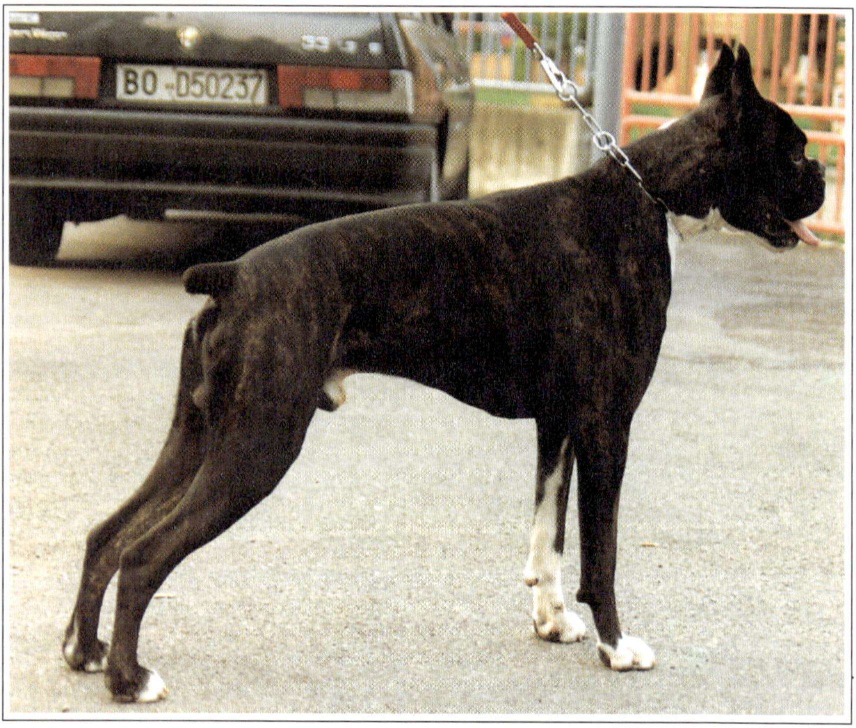

ciente para conseguir respeto y obediencia, se situará automáticamente en un nivel más bajo que el suyo en la escala jerárquica. Por tanto, desempeñará la función de «sometido». Actúe en consecuencia.

Recuerde que al cachorro no le interesa en absoluto si una persona le lleva la comida, si lo cepilla o lo saca de paseo: si esta persona tiene un carácter débil, no le respetará y nunca le obedecerá.

Sin embargo, atención: también es un error tratar de someter a un boxer (aunque sea de dos meses) por la fuerza. Gritos, regañinas y manotazos no le convertirán en un jefe de jauría respetado, sino en un «amo» (en el peor sentido de la palabra) simplemente temido... al menos mientras el perro tenga dos o tres meses. Más tarde, un boxer que se precie ya no temerá a nada ni a nadie, y usted se encontrará en casa con un perro totalmente sordo a sus órdenes, que «pasa» de las llamadas y al que ni se le pasa por la cabeza bajar del sofá cuando quiera ocuparlo usted, pero que quizás obedezca perfectamente a su esposa o a su hijo de diez años.

No basta poner a su disposición un jardín para hacer feliz a un boxer: ¡él necesita también nuestra compañía! (Honda del Gran Mogol)

¿ESPAÑOL O ALEMÁN?

Si ha seguido como espectador alguna prueba de trabajo, habrá observado que algunos conductores le hablan al perro en español, mientras que otros prefieren las órdenes en alemán.

Ello no tiene nada que ver con el origen de la raza: verdaderamente hacen sonreír quienes sostienen que los boxer (pero también los pastores alemanes, los rottweiler, etc.) deben ser adiestrados en alemán porque... comprenden mejor este idioma.

Quienes optan por dar las órdenes en lengua extranjera lo hacen sólo porque en alemán tienen un sonido más corto y seco: «sitz» en lugar de «sentado», «platz» en lugar de «tierra», «komm» en lugar de «ven», etc. Es sabido que el perro aprende primero a distinguir una palabra corta (por algo se invita siempre a los propietarios a dar nombres cortos a sus amigos cuadrúpedos), pero en este caso no parece que haya una gran diferencia: también las órdenes en español son muy comprensibles y nunca se trata de palabras kilométricas.

La elección es totalmente personal: utilice el idioma con el que se halle más a gusto, o al que su cachorro parezca reaccionar mejor. En cuanto a las pruebas de trabajo, español y alemán son idiomas igualmente aceptados por los jueces.

No hay diferencia entre dar una orden en español o en alemán: si el conductor es hábil, ¡el perro la comprenderá siempre!

¡Ser libre es bello! (Yasmine del Gran Mogol)

Actuar de forma tiránica con un boxer es aún más negativo que rendirse.

Otro error bastante común (y cometido, por lo general, de buena fe) es instalar al cachorro en el jardín y dejarse ver sólo un par de veces al día, a la hora de las comidas: la idea es hacerle feliz poniendo amplios espacios a su disposición, pero en realidad un boxer, en estas condiciones, pierde toda su alegría. El aislamiento social para él es un castigo terrible: un perro de defensa debe vivir siempre en estrecho contacto con el hombre.

Cuando sea ya adulto defenderá lo que ama, aprecia y sobre todo cree «poseer». Imaginemos lo «propietario» que puede sentirse de una persona a la que ve quince minutos al día y que se limita a hacerle una caricia o a ponerle delante una escudilla.

Tener un jardín a su disposición es importante para un boxer, porque podrá correr, estirar las patas y entrenar sus músculos; pero su verdadero puesto está en familia, a nuestro lado. El jardín puede ser un gimnasio o un parque de atracciones pero nunca su casa.

Otro grave error (y otra actitud humana que el boxer entiende como castigo, aunque no pretenda serlo) es dejarlo relegado en una habitación cuando hay huéspedes, por temor de que moleste a las personas de visita.

Hay quien cree incluso que se trata

Ch. Eur., VDH, Int., H. Jahress. Reno del Gran Mogol

de un buen sistema para lograr que llegue a ser un gran perro de guardia, y en cambio es exactamente lo contrario: para poder afrontar sin problemas a los malintencionados, un boxer no debe temerles.

Si nosotros le impedimos conocer gente, aprender a captar las actitudes humanas, observar, husmear y escuchar a personas distintas, él nunca logrará construirse un carácter, no aprenderá a distinguir a un amigo, de un criminal y, lo que es aún más grave, podrá desarrollar cierto temor del hombre.

A propósito de temor, recordemos que hasta los dos meses y pico en el cachorro se fijan algunas ideas muy precisas sobre lo que debe temer, que es todo lo que le ha asustado a esa edad. Actuando con astucia, podremos utilizar esta circunstancia en nuestro provecho, presentándole bajo un mal aspecto los verdaderos peligros a que podría enfrentarse el perro. Por ejemplo, esta es la edad

Ch. Marvin del Gran Mogol

adecuada para hacerle considerar como peligroso cualquier trozo de comida que se encuentre en el suelo. De esta forma se protege al perro del peligro (por desgracia muy serio) de envenenamientos.

Ponga un trozo de carne o de salchicha en un prado, luego deje suelto el cachorro y espere a que husmee el cebo; entonces deberá hacer que se lleve un buen susto, pero sin darle a entender que usted tiene algo que ver. Pida a un amigo que provoque un ruido muy fuerte y repentino, o que le tire, con cierta fuerza, un trozo de cadena.

Dos o tres experiencias de estas, vividas a los dos meses, pueden disuadir para siempre al perro de recoger comida del suelo: para obtener el mismo resultado con un perro adulto se requieren meses de adiestramiento, y no siempre con buenos resultados.

Otro susto se le puede provocar al cachorro que tiende a perseguir los coches: pida de nuevo ayuda a dos amigos, diríjase a una calle tranquila (a ser posible desierta), haga pasar lentamente el automóvil con un amigo al volante y el otro en el asiento de la derecha, «armado» con un cubo de agua. En cuanto el perro comience a seguir el coche, de este le llegará una gran ducha totalmente inesperada, que le hará la experiencia muy desagradable.

Así pues, si puede hacerlo, utilice este valioso período para inducir en el cachorro los temores «adecuados»; pero tenga mucho cuidado con los indeseados.

Hay perros que durante toda la vida tienen miedo de los ruidos de disparo (y que por ello no pueden participar en pruebas de trabajo) sólo porque, cuando eran cachorros, los amos los dejaron en casa solos una noche de tracas y petardos: aterrorizados por los «golpes» y por los petardos, sin que nadie pudiese tranquilizarlos, nunca han logrado superar esta fobia.

Otros ejemplares odian a muerte, durante toda la vida, a todos aquellos que llevan barba (o gafas, o botas, etc.) sólo porque en el «período del miedo» una persona con estas características los asustó de alguna

SchH II Dimitri del Rolanus

forma, quizás incluso involuntariamente. El cocker de una amiga mía odiaba a las niñas (y sólo a las que llevaban falda) porque una así vestida, jugando con un palo, había golpeado a lo largo de toda la valla de la casa donde vivía el cachorro. La niña ni siquiera sabía que allí había un perro: pero el pequeño cocker, que dormía precisamente junto a la valla, había huido aterrorizado. De adulto intentaba morder a todas las niñas que le recordaban aquella mala experiencia, obligando a su dueña a sacarlo lo menos posible y siempre con bozal; sin embargo con todas las demás personas era de una dulzura increíble.

Los primeros ejercicios de obediencia

Ya los primeros días, el cachorro debe empezar a obedecer las órdenes. Al principio es importante que se den siempre con el mismo tono de voz (el tono de cuando no se juega sino que se «trabaja») y que se utilicen siempre las mismas palabras.

El cachorro está dispuesto instintivamente a aprender de los mayores (Lothar, Argot *y* Anya degli Etruschi)

Esta segunda sugerencia podría parecer evidente, pero no lo es: a menudo, sin pensarlo, damos al perro órdenes distintas esperando que él comprenda que tienen el mismo significado (por ejemplo llamándolo una vez con «ven» y otra con «ven aquí»). Sin embargo, el cachorro oye simplemente un sonido: y «ven», a sus oídos, es muy distinto de «ven aquí» (aunque a nosotros no nos lo parezca). Por tanto, podría acudir en un caso y no moverse en absoluto en el otro, no por mala voluntad, sino porque precisamente no se ha dado cuenta de que lo estábamos llamando.

Si lo castigásemos él no comprendería el motivo, se sentiría víctima de un súbito e injustificado rapto de crueldad por parte del amo... ¡y adiós confianza en el jefe de jauría!

Así pues, debemos ser siempre muy claros cuando nos dirijamos al cachorro: él no entiende el idioma, entiende sólo nuestro tono de voz. Con el tiempo aprende a asociar determinados gestos que debe realizar con determinados sonidos, pero la cosa no puede ser inmediata y

EL EJERCICIO FÍSICO

Muchos propietarios de boxer, conscientes de haber adquirido un auténtico «atleta» creen que deben entrenarlo desde el primer día a recorrer distancias cada vez mayores, a veces a velocidad elevada.

Esto no es conveniente para el cachorro, que acabaría sufriendo por un ejercicio exagerado ya que su físico se está desarrollando. Hasta los cinco o seis meses no es conveniente «entrenarlo» en modo alguno: el ejercicio ideal es el que el cachorro realiza solo, jugando en un prado (a ser posible con otros perros). Sólo a los cinco meses aproximadamente pensaremos en mejorar su musculatura y su aparato respiratorio con paseos de la traílla o carreras en bicicleta, pero siempre de forma gradual y recordando que el boxer es un braquicéfalo, que respira con dificultad si hace demasiado calor o si pretendemos de él prestaciones... de pastor alemán. Los entrenamientos deberán efectuarse siempre en las horas más frescas (incluso a costa de levantarse al alba) y no deberán durar demasiado.

Si vamos en bicicleta, recordemos que la velocidad debe ser moderada: el perro debe trotar sobre todo, y no galopar, porque sólo así mejora efectivamente la capacidad respiratoria.

El ejercicio físico es sumamente importante para el boxer, pero a la edad adecuada y en la justa medida

Charleston del Master Tampecc

para él no es fácil. Por tanto, ¡paciencia, paciencia y paciencia!

Los primeros ejercicios» que debe aprender un cachorro son en realidad las reglas básicas de la buena educación: le enseñaremos la llamada, la marcha de la traílla, el significado del «no», el «sentado» y el «tierra»... y lógicamente comenzaremos a pretender la higiene doméstica.

No piense que estos ejercicios son demasiados (o demasiado difíciles) para un cachorro: cualquier perro de dos meses es perfectamente capaz de aprenderlos, aunque lógicamente no se puede pretender la misma perfección que pediremos al perro adulto, sobre todo si es de trabajo.

La llamada

La llamada es *absolutamente fundamental*: no pretendamos que un cachorro realice el ejercicio exigido en las pruebas de trabajo (para el cual, entre otras cosas, resulta preparatoria la enseñanza del «tierra»), pero exijamos que el cachorro, al oír que le llaman, deje *inmediatamente* lo que estaba haciendo y acuda a nuestro lado.

Para obtener este resultado deberemos comenzar con el perro de la traílla, aprovechando un momento de distracción (quizá cuando está husmeando por el suelo): llamémoslo con la orden completa «¡nombre-

Fuam del Master Tampecc

ven!» (o «¡nombre-aquí!», o «¡nombre-komm!», si preferimos el alemán). El nombre sólo no basta: el perro lo oirá pronunciar dos mil veces al día, y no siempre este equivaldrá a una llamada nuestra (podríamos nombrarlo simplemente hablando con los familiares): la orden, en cambio, debe ser precisamente una *orden* que ha de realizar inmediatamente y sin vacilaciones.

El nombre no basta, simplemente «ven» (o «aquí» o «komm») puede, en cambio, ser suficiente, pero también en este caso podrían surgir equívocos (por ejemplo si estamos llamando a un hijo en lugar de al perro). La mejor solución es la de «nombre-orden», porque el nombre atrae la atención del cachorro (y le da a entender que hablamos con él), sirviendo de refuerzo para la orden sucesiva.

Una vez que hemos llamado al cachorro, si este acude a nuestro lado, lo felicitaremos exagerada-

Ch., CAL 3, Selezione Gaja del Rolanus

mente (dándole incluso un trocito de comida): si sigue pensando en sus cosas, en cambio, tiremos suavemente de él con la traílla. En cuanto llegue, lo cubriremos de felicitaciones y mimos como si hubiese obedecido espontáneamente.

Con el paso de los días la traílla se sustituirá por un cordel fino de unos diez metros de largo: utilizaremos pocos metros cada vez y avanzaremos siempre de forma gradual, llamando al perro cada vez desde más lejos. Cuando llegue (solo o... tirando de él), lo cubriremos de felicitaciones.

Para obtener una llamada segura, inmediata y perfecta en toda ocasión es preciso convencer al cachorro de que acudir es:

a) inevitable, porque si no lo hace surge una fuerza exterior que le obliga;

b) muy agradable, porque se reciben siempre y en cualquier caso felicitaciones, caricias y comida.

Siempre y en cualquier caso, lo repetimos y subrayamos: porque seguramente un día, tarde o temprano, llamaremos al cachorro libre del cordel... y obtendremos una alegre carrera en dirección opuesta.

Si esto sucede, hay dos errores que debemos evitar totalmente:

a) ir detrás del perro que, sintiéndose perseguido, se asustaría o pensaría en un juego. En ambos casos escaparía aún más deprisa y no nos escucharía;

b) regañar o pegar al perro cuando por fin logramos cogerlo. El cachorro no es capaz de asociar el castigo con algo que «no» ha hecho: lo asocia en cambio con la acción más cercana (la de acudir junto al amo, aunque sea con retraso, o la de ser alcanzado por él). De esta forma el cachorro se convence de que llegar junto al amo significa buscársela, y nosotros perdemos prácticamente toda la confianza: emplearemos meses

Karol degli Etruschi

para recuperar completamente al perro con la llamada.

La forma adecuada de comportarse, en cambio, es la siguiente:

a) no probar *nunca* la llamada con el perro suelto hasta que hayamos llegado a un cien por cien de resultados positivos con la cuerda larga;

b) efectuar *siempre* las primeras llamadas sin cuerda en un lugar tranquilo, sin distracciones y a ser posible vallado, a fin de que no pueda haber peligro alguno para el cachorro;

c) si el cachorro no acude, no hay que perseguirlo nunca; por el contrario, escapar en dirección opuesta a la suya, haciéndole creer que queremos abandonarlo allí. Como alternativa podemos echarnos al suelo y quedarnos inmóviles: el pequeño boxer, devorado por la curiosidad, vendrá sin falta a ver qué nos ha sucedido;

*Un excelente macho de orejas íntegras (*Quamor del Master Tampecc)

Charlie del Nettuno

d) cuando el cachorro llegue, *no hay que regañarle ni pegarle*, sino felicitarle y premiarle como siempre, e incluso más. Él tiene que pensar: «mira qué me estaba perdiendo, otra vez llego antes», y no: «lo sabía, más me valía no acercarme».

La marcha de la traílla

También en este caso, más que de una verdadera «marcha», se trata de una forma... decente de caminar de la traílla sin tirar, quedarse atrás o cortarle el paso al amo.

Ante todo acostumbremos al cachorro al collar, que deberá ser ligero y fino; inicialmente le molestará un poco (y le impulsará a rascarse furiosamente: no se asuste, no son pulgas, es sólo el collar), pero al cabo de pocos días —a veces incluso pocas horas— ya no se preocupará de él.

Sólo cuando el collar le sea ya familiar podremos engancharle la traílla y sacar el cachorro, que en algunos casos se pondrá a caminar con nosotros desde el primer

Ch. Zita del Gran Mogol

momento. Pero por desgracia con mucha más frecuencia de lo que nos gustaría se mostrará nervioso y dará ladridos; naturalmente con una cara muy ofendida.

Ignore toda la pantomima: invítele a jugar (*no* con la traílla, que no debe dejarse mordisquear por ningún motivo) y luego a seguirle, dándose palmadas en el muslo izquierdo y estimulándole a tomar posición a su lado.

El perro se lleva siempre a la izquierda, tanto para tener la mano derecha libre como para que el animal permanezca siempre del lado de la pared cuando se camina por una carretera (donde los peatones, como ya se sabe, deben circular por la izquierda).

Cuando el cachorro comience a caminar junto a usted, siga estas sencillas recomendaciones:

— si se queda atrás o se deja arrastrar, invítele a un avance más brillante con palabras de estímulo (no importa «qué» palabras: lo importante es que el tono de voz sea alegre) y dándose palmadas en el muslo;

— si tira, haga un brusco cambio de sentido, de forma que el perro sienta un molesto tironcito en el collar;

— si le corta el paso o se le mete entre las piernas no haga nada para evitar pisarlo: «atropéllelo» sin temor, de forma que él comprenda que es una pésima idea la de ponerse en la trayectoria de sus piernas.

Si causa un ligero dolor al cachorro, no diga nada, no le regañe, no le haga pensar en un castigo: debe parecer simplemente determinado a proseguir su camino «a pesar de él», de manera que piense que los problemas se los busca él solo, cada vez que se desvía de su posición correcta al lado izquierdo de usted.

Una decena de lecciones (de cinco o diez minutos cada una) suelen bastar para hacerle comprender la alusión y conseguir que el perro mantenga la posición adecuada. En la posición «de competición», en la que deberá permanecer prácticamente pegado a su rodilla, pensará sólo dentro de unos meses: por ahora es ya una satisfacción tener un cachorro capaz de caminar de la traílla sin entorpecerle.

Lothar degli Etruschi

El «no»

El cachorro debe comprender desde el primer día que el «no» es una auténtica orden, no sólo una manifestación genérica de disgusto. «No» significa: deja *inmediatamente* de hacer lo que estás haciendo, sea lo que sea.

Para obtener buenos resultados deberemos proveernos de un objeto ruidoso, pero no excesivamente: puede ser una «carraca» o simplemente una lata de refresco llena de moneditas.

Cuando coja al cachorro en falta (por ejemplo con un zapato en la boca o mordisqueando la ropa), dígale un seco «no» y al mismo tiempo haga ruido: él, lleno de curiosidad y un poco perplejo, dejará caer el zapato y le observará para saber qué está sucediendo. Entonces lo llamará, lo felicitará, a ser posible con caricias o un trocito de comida o alguna golosina que a él le guste, y lo liberará.

Pasado algún tiempo bastará el «no» para lograr que interrumpa cualquier acción y acuda junto a usted.

Ch. Quiros (izquierda) *y Ch.* Bassel di Valdemone

«Sentado» y «tierra»

Estas posiciones son naturales para el perro, que las adopta espontáneamente varias veces al día: al principio aproveche para dar la orden (que él aún no entiende) cuando vea que va a sentarse o tenderse. Al poco tiempo se establecerá cierto condicionamiento, por el que el cachorro comenzará a asociar la palabra («sentado» o «sitz» o bien «tierra» o «platz») con la posición: entonces podrá comenzar a impartir verdaderas órdenes, exigiendo que el perro adopte la posición exigida. Si no lo hace espontáneamente, ayúdele: para ponerlo sentado deberá mantenerle alta la cabeza con la mano derecha, mientras la izquierda ejerce una presión en la parte posterior.

Para ponerlo en tierra parta de la posición sentada, cójale delicadamente las extremidades anteriores y deslícelas hacia delante. Prémielo con felicitaciones y trocitos de comida cada vez que haya realizado bien un ejercicio y verá cómo aprende con sorprendente rapidez.

Aún no podemos pretender que adopte posiciones impecables: sin embargo, tratemos de evitar que ante

Valewska degli Etruschi

El «tierra» es una posición natural para el cachorro (cachorro de tres meses del criadero del Cernunnos)

la orden «tierra» se tienda «como una alfombra» o que coloque las dos extremidades posteriores en el mismo lado. Un mínimo de desequilibrio podemos tolerarlo, pero el «tierra» debe parecerse ya a la posición de la esfinge, la que deberá adoptar de adulto, sobre todo si queremos hacer de él un perro de trabajo.

Por tanto, si el cachorro adopta posiciones incorrectas ajustémoslo delicadamente con las manos (sin insistir demasiado, de lo contrario podría tomarlo por un juego o por un intento nuestro de dominarlo y acabaría sin duda panza arriba) y premiémoslo sólo cuando se haya colocado bien... o casi.

Es muy importante enseñarle el «tierra» al cachorro, porque el adulto no es precisamente un entusiasta de esta posición, demasiado sumisa para su gusto. Sólo si se le ha habituado desde pequeño la ejecutará siempre sin problemas.

La higiene doméstica

No es cierto que el cachorro ensucia en cualquier sitio: aunque aún no sabe que nosotros queremos la casa limpia, podemos observar que tiende a ensuciar lejos de los lugares en los que come y duerme. El perro es un animal con tendencia a ser limpio y nosotros podremos aprovecharlo para enseñarle la higiene doméstica.

Un cachorro de pocos meses, cuando siente el estímulo de ensuciar, no puede resistir más de unos segundos; por tanto no podemos esperar que nos avise y que espere a que lo saquemos. En cambio, podemos disponer una capa de periódicos en el punto que prefiramos (que, a ser posible, debería ser visible desde el rinconcito reservado al perro) y estimularlo a hacer allí sus necesidades. Existen en el mercado pulverizadores estimulantes especiales, pero para atraerlo va aún mejor su propio pipí. Mojemos con unas gotas la hoja superior del periódico y veremos que el cachorro confirmará la regla: todos los perros tienden siempre a ensuciar sobre sus huellas anteriores.

Cada vez que el cachorro se equivoque, ensuciando fuera del periódico, le regañaremos con un «no» y en caso necesario lo sacudiremos por el cogote: este es el castigo más utilizado por mamá perra, por lo que él lo entiende perfectamente. Después de haberle reprendido lo cogeremos en brazos, lo llevaremos sobre los periódicos y lo acariciaremos largo rato.

Sin esperar a que ocurran los «desastres», llevémoslo a los periódicos también en estas ocasiones: después de comer, después del sueño nocturno, después de beber, después de cada siestecita. En efecto, son estas las ocasiones en que el cachorro siente más a menudo la necesidad de liberarse.

Cuando hayamos logrado un uso constante de los «periódicos-aseo», ya podremos dar un suspiro de alivio: en efecto, no volveremos a tener... malos encuentros por toda la casa y bastarán dos o tres sustituciones diarias de los periódicos para obtener una limpieza correcta.

Sin embargo, mientras tanto comencemos a felicitar *efusiva y cariñosamente* al cachorro cada vez que hace pipí fuera de casa, con ocasión de los paseos: la conciencia de hacernos felices así le impulsará a ensuciar fuera lo más a menudo que pueda.

Cliff di Valdemone *a los cinco meses. El boxer de hoy es un perro de carácter muy dulce*

El cachorro comienza a crecer, logra resistir incluso unos minutos (lo cual sucede incluso antes de los tres meses) y ha comprendido que nosotros estamos mucho más contentos si evita ensuciar en casa: ahora bastará sacarlo a horas fijas y poco espaciadas, al menos durante algunos meses más, para obtener el resultado deseado y apetecido por todos nosotros.

Higiene y belleza del boxer

Sobre el acicalamiento del boxer hay muy poco que decir: el pelo corto nos permite mantenerlo en perfecta forma con un simple cepillado diario. Deberá bañársele sólo cuando sea realmente necesario (es decir, si el perro está claramente sucio o huele mal); los perros de

El pelo corto del manto del boxer es muy fácil de mantener

exposición deben lavarse más a menudo, pero sin exagerar.
En cambio, es importante acordarse de lavar periódicamente ojos y orejas (sobre todo en los ejemplares que las tienen íntegras), partes bastante delicadas y expuestas a inflamaciones.
También es conveniente limpiar la boca del perro después de cada comida, de forma que no queden restos de alimentos entre los labios: estos podrían causar inflamaciones pero también mal aliento que haría muy poco agradable la proximidad del perro.
Una vez a la semana verificaremos el estado de las almohadillas plantares, sobre todo si hemos dado paseos por el campo: periódicamente pediremos al veterinario que controle las glándulas perianales, expuestas a inflamaciones. En cualquier caso, si hay una patología en curso, es bastante fácil percibirlo porque el perro intenta insistentemente lamerse o arrastra la grupa por el suelo.

La boca del boxer, a ser posible, debe limpiarse después de cada comida. Estudio de cabeza del Ch. It., Club Quasimodo del Cernunnos

El adiestramiento

«Adiestramiento» no equivale a «educación»: un perro no puede definirse como adiestrado sólo porque sabe caminar de la traílla, sentarse o ponerse en tierra a la orden.
El adiestramiento hace de un perro bien educado un perro de trabajo, capaz de cumplir con verdadera «profesionalidad» su labor: en el caso del boxer, la defensa del amo.
Esta profesionalidad, si el amo lo desea, puede convertirse en deporte: es el caso de los perros empleados en las pruebas de trabajo. Desde luego, no se trata de un paso obligado, pero tampoco es justo pasar por alto el adiestramiento del perro sólo porque no pretendemos participar en pruebas deportivas. El boxer debería adiestrarse *siempre*, porque sólo así puede exteriorizar todas sus dotes caracteriológicas y llegar a ser un verdadero «perro útil».
Hay dos caminos posibles para tener un perro adiestrado: participar personalmente en la empresa o delegarla en un profesional. La segunda solución podría parecer la única aceptable para quien no tiene la mínima noción de adiestramiento, y quizá dispone de poco tiempo libre. Sin embargo, personalmente considero que el perro de defensa debe ser adiestrado preferentemente por el amo, porque ya hemos visto que la base de un buen perro de defensa es sobre todo una gran compenetración con su amo, como una auténtica simbiosis.
¿Y si el amo es un profano y no se siente con fuerzas, no sabe por dónde empezar o teme equivocarse en todo?
Para estos casos existen las llamadas escuelas «perro-amo», donde el instructor profesional, en lugar de ocuparse personalmente del perro, enseña al propietario las bases de la

psicología canina, de la etología y por último del adiestramiento propiamente dicho.

Por lo general se debe seguir una clase por semana (con menor frecuencia dos), en un día festivo y en los demás días el amo trabajará con su perro en el tiempo libre, siguiendo las directrices de la escuela; en la clase siguiente verificará con el instructor los resultados de su esfuerzo, además de recibir... los deberes para la semana siguiente.

De esta forma es difícil cometer errores irreparables e incluso el completo profano muy pronto co-

Izquierda, *«marcha» sin traílla* (*Ch.* Axel del Rolanus)
Debajo: *sentado... antes del salto de altura*

mienza a tomar confianza con los secretos del adiestramiento: si usted no es experto en la materia, este es el camino conveniente si es propietario de un boxer.

Lógicamente, será necesario escoger una «buena» escuela, ya que en los últimos años este tipo de actividad ha obtenido un gran éxito y por tanto han florecido por todas partes escuelas, cursos y campos de adiestramiento diversos. Algunos de estos, por desgracia, han sido abiertos por personas con poca preparación que esperan explotar la «moda» del adiestramiento «perro-amo» sin contar con las bases y la experiencia necesarias.

Así pues, antes de inscribirse infórmese. Para los propietarios de un boxer lo más lógico es dirigirse a los comercios especializados o al Club Español del Boxer, que podrán indicarles la más cercana a ustedes entre las que están verdaderamente en condiciones de ofrecer garantías.

Recordemos que los costes de la escuela nunca son prohibitivos, pero que se trata siempre de una cifra a tener en cuenta; en parte porque el curso básico que a veces es presentado a precio muy atractivo, no garantiza un perro bien adiestrado, sino que se limita a dar unas nociones a perro y amo. Para alcanzar resultados realmente útiles se debe proseguir inscribiéndose en los cursos siguientes, calculando en el presupuesto los costes y sin esperar obtener una «maquinita ejecuta-órdenes» en un par de meses. Desde luego, no de un boxer.

Salto de altura

El perro para poder ser adiestrado debe saber socializar con sus congéneres

El adiestramiento requiere un plazo bastante largo, que depende mucho también del tiempo que pueda dedicarle al perro en su casa. En contrapartida las satisfacciones son enormes, y es muy frecuente que un particular que se había inscrito en el curso básico casi de mala gana, sólo para tratar de hacer entrar en razón a lo que parecía un perro irremediablemente testarudo, acabe apasionándose hasta el punto de inscribirse en las clases de competición y llegar a participar como conductor en una prueba de trabajo.

Si no se atreve a afrontar los esfuerzos y los gastos que una escuela comporta, puede intentar la vía del bricolaje, con la ayuda de libros o vídeos.

Pero así es muy fácil equivocarse, además de que no podrá seguir este camino en todos los casos, sino sólo por lo que se refiere a los ejer-

Salida para una marcha sin traílla, en competición

La defensa es algo serio: el adiestramieto requiere la presencia de un figurante experto (Jena del Cernunnos)

cicios de obediencia, *nunca* en los de defensa.

Los ataques al hombre no son un juego: se requiere la presencia de un figurante experto (a ser posible oficial), porque este trabajo casi todo depende de él. Un figurante improvisado o inexperto no sólo corre el riesgo de acabar en el hospital (el boxer no bromea cuando muerde), sino que puede estropear irremediablemente el carácter del perro.

La defensa es una cosa seria, que debe afrontarse con responsabilidad; de lo contrario es mejor no empezar. Siempre a propósito de seriedad, este es el capítulo dedicado al adiestramiento, y quizá le asombre no encontrar ningún manual que le enseñe los ejercicios y los métodos requeridos. El motivo es simple, no se debe tratar un tema tan importante, con la superficialidad que supone no disponer del espacio

Ataque del Jena del Cernunnos

necesario para hablar de él exhaustivamente. Por este motivo prefiero remitir al lector a libros, manuales o vídeos que traten sobre todo este tema, reservando las próximas páginas a la simple descripción de las distintas pruebas de trabajo en las que puede participar un buen boxer.

Bonito... pero también valiente

En España, el boxer es una raza sometida «a prueba de trabajo»: ello significa que ningún boxer puede conseguir el título de Campeón Español de Belleza si no ha demostrado poseer también las adecuadas dotes caracteriológicas.

Tratándose de una raza de defensa esta imposición está plenamente justificada, porque a falta de ella se podrían poner en reproducción (quizá a más no poder) perros preciosos pero tímidos, agresivos o con otras taras de carácter, con consecuencias imaginables para la raza, sobre todo si pensamos que un buen semental puede llegar a tener cuatrocientos o quinientos hijos.

Decisión muy adecuada, por tanto: en parte porque hemos visto que el boxer, para ser de verdad un perro completo, debería estar adiestrado, aunque no pensemos llevarlo nunca a un ring, ni de belleza ni de trabajo.

Sentado, sin traílla

A la orden «tierra espera» el perro debe permanecer inmóvil, incluso durante largos períodos, hasta que recibe del conductor la orden de moverse

Superación de la empalizada con cobro

Adiestramiento al ataque

Sin duda, se objetará que una cosa es adiestrar y otra competir; pero afortunadamente no es necesario llegar a la cima para obtener la calificación necesaria para la inscripción en «clase trabajo» (la única en que se expide el CAC, o el 1.° Excelente en exposiciones especiales y reuniones).

Para poder llegar al título de campeón español de belleza es suficiente que el boxer haya conseguido el CAL 3, que consiste más que nada en una prueba de carácter.

Se debe efectuar una marcha de la traílla, después de lo cual el perro es dejado libre y se efectúan tres disparos de pistola: el boxer no debe mostrar miedo ni agresividad.

En el ataque a la manga, aunque sea amenazado con el bastón, el perro no debe soltar la presa

A continuación el amo confía el perro a otra persona y se dirige hacia un *revier* (el escondite previsto en las pruebas de trabajo) del que sale un figurante armado de bastón, que finge agredirle. El boxer es liberado y deberá acudir en ayuda del amo mordiendo la manga del figurante y sin soltar la presa ni siquiera cuando el bastón le golpee (sin fuerza excesiva, y en los puntos menos sensibles del cuerpo).

Entonces el amo sujeta al perro por

el collar, mientras el figurante huye. Llegado a una cincuentena de pasos, este se da la vuelta y adopta una actitud amenazadora. El perro es liberado de nuevo y debe lanzarse contra el figurante, aferrando la manga con decisión.

Al final de la prueba, el boxer que ha demostrado buen temple y carácter recibe el certificado; como puede verse no se trata de una prueba particularmente difícil.

Algo más complejo es el camino para obtener el título de Campeón Internacional de Belleza. En efecto, para este se requiere un resultado útil en IPO 1 (reglamento de las pruebas internacionales de clase 1) o bien la llamada prueba de calificación CACIB/RCI.

Para superarla, el boxer debe alcanzar al menos el 70 % de la puntuación completa en estos ejercicios:

a) una pista de cuatrocientos metros con un ángulo recto y un objeto al final del recorrido (que mostrar o cobrar);

b) una serie de ejercicios de obediencia: marcha de la traílla y sin traílla, cobro, salto, indiferencia al disparo;

c) un ejercicio de defensa, de dificultad equivalente a la que hemos visto para el CAL 3.

Todo ello puede parecerle sumamente difícil al profano, pero en realidad se trata de pruebas que un perro de buen carácter supera sin problema alguno, lógicamente después de un mínimo adiestramiento.

Prueba de obediencia (Jena del Cernunnos)

Otras pruebas para principiantes

Independientemente de los títulos de Campeón de Belleza, existen además dos «semipruebas» de trabajo reservadas a los principiantes, que no exigen demasiado esfuerzo del conductor, son bastante divertidas y pueden ayudarnos a saber si realmente tenemos «madera» de adiestrador.

El primer tipo de prueba es la prueba para «principiantes», que incluye sólo ejercicios de obediencia y defensa. En cambio en la llamada

Ch. It., Club Cwana del Cernunnos

«clase adiestramiento», se prevé también una breve pista.

Ambas pruebas están reservadas a particulares (que además deben ser titulares del perro, o parientes suyos) que nunca hayan participado en pruebas de trabajo ni en España ni en el extranjero.

Para quien desea ir más allá

Los propietarios de boxer que se apasionan por el trabajo (y son muchos), una vez hayan tomado confianza con las primeras competiciones, seguramente desearán ir más allá.

Llegados a este punto resulta indispensable tener mucho tiempo libre, porque ya no se tratará de breves y divertidas sesiones de adiestramiento, sino de un esfuerzo constante y bastante pesado. No obstante, si hay pasión, vale la pena afrontar algunos sacrificios.

Las pruebas de trabajo de la FCI son las llamadas IPO (*Internationale Prufung Ordnung*), con tres clases distintas: IPO 1, IPO 2 e IPO 3, de dificultad creciente.

CUÁNDO ES MEJOR ABANDONAR

Hemos dicho que todos los boxer deberían ser adiestrados, a ser posible por el amo y no por un extraño. Sin embargo, en ciertos casos perro y/o amo pueden no resultar idóneos para el trabajo.

Los perros no idóneos son sin duda:

a) los bastante viejos (de más de cinco años) si no han recibido antes una educación básica o unas nociones de adiestramiento;

b) los de físico inadecuado: poca osamenta, musculatura débil, poca resistencia, tendencia a sufrir flato a los pocos pasos de carrera, etc. Estamos hablando de boxer atípicos o de boxer que no han sido correctamente criados y alimentados; los demás, por lo general, no plantean este tipo de problemas;

c) los perros poco o mal socializados hacia sus semejantes. Ningún perro podrá trabajar nunca si la simple visión de otro perro le hace perder la razón;

d) los perros adultos que mandan en el amo: en este caso se han cometido graves errores en el cachorro, y en algunos casos es posible una recuperación parcial, pero no se llega casi nunca a un binomio capaz de afrontar pruebas complejas.

Los amos inadecuados son, en cambio:

a) los que no tienen ningún tiempo libre;

b) los de carácter demasiado débil, incapaces de desempeñar el papel de jefe de jauría;

c) los demasiado nerviosos, impacientes, despóticos, incapaces de reprimir sus impulsos y dispuestos a maldecir al mínimo error del perro (que a su vez se volverá un neurótico).

El cachorro es el mejor discípulo, pero sólo de adulto el perro empieza verdaderamente a «razonar» sobre los ejercicios

«Marcha» a la traílla

Estas pruebas incluyen ejercicios de obediencia, de pista y de defensa. Para cada grupo de ejercicios está prevista una puntuación que llega hasta 100: para superar la prueba el perro debe obtener al menos el 70 % de los puntos en pista y en obediencia y al menos el 80 % en defensa. Para obtener el «Excelente» se requieren al menos 270 puntos totales, para el «muy bueno» al menos 240 puntos.

En todas las pruebas IPO se disputa el CAC (Certificado de Aptitud para el Campeonato Español de trabajo), que puede asignarse al primer Excelente, siempre que el juez lo considere merecedor de dicho título. Para llegar al título de Campeón se requieren 3 CAC, de los que al menos uno se habrá conseguido en IPO 3. El perro también deberá haber participado al menos en una exposición de belleza con la calificación mínima de «Muy bueno». En efecto, con el mismo criterio por el que se intenta no asignar campeonatos a perros «bonitos y bobos», también se quiere evitar premiar a los «valientes pero monstruos», siempre en interés de una raza en la que belleza y carácter no pueden ni deben separarse nunca.

En España, por medio del Club Español del Boxer, se puede participar también en las pruebas de trabajo de tipo alemán, es decir, en los SchH I, II y III. En estas pruebas el

CADA COSA A SU TIEMPO

Sobre todo a quien pretende arreglárselas solo en materia de adiestramiento, le recordamos que no todos los ejercicios se pueden iniciar cuando el perro es aún un cachorro.
Es cierto que el cachorro es el mejor discípulo, y no lo es menos que se encuentran mayores dificultades adiestrando a un adulto que a un perro joven; pero es importante respetar el ritmo de crecimiento psicofísico de nuestro amigo, tratando de no quemar etapas.
Por ejemplo, es conveniente que el perro no comience a saltar si no tiene al menos nueve o diez meses: para los obstáculos más difíciles es incluso mejor esperar al año.
Por lo que se refiere a la defensa, se admiten a todas las edades los juegos con la «salchicha» (que desarrollan un buen agarre) pero no conviene tomárselo en serio hasta los once o doce meses, porque antes el perro no puede tener la suficiente madurez psíquica.
Lo mismo vale para la pista: sí al juego de la «caza del tesoro» (representado por la comida, o por el juguete preferido), no a la pista propiamente dicha hasta que el perro sea bastante maduro para realizar el ejercicio con calma, «reflexionando» sobre lo que debe hacer.

«Excelente» se asigna con un mínimo de 286 puntos, el «Muy bueno» con un mínimo de 270, por lo que resulta más difícil obtener calificaciones de prestigio. El Club Español del Boxer, cada año, otorga el título de Campeón de trabajo al mejor boxer en SchH III. El mejor perro en SchH II obtiene en cambio el título de Promesa, y el mejor en SchH I el título de Esperanza.
El campeonato más prestigioso de todos, en cualquier caso, es el Atibox (Association technique internationale du boxer): esta asociación reúne a todos los clubs del boxer del mundo y organiza cada año un campeonato de belleza, uno de trabajo y uno de pista. Para llegar a ellos es preciso estar ya en los máximos niveles, para vencer es necesario ser casi «monstruos» de belleza o de valor.
El reglamento de la prueba de trabajo es el del IPO 3. La prueba de pista se desarrolla en un trazado viejo de tres horas, a lo largo de unos mil trescientos pasos: el boxer debe seguir el rastro de un extraño, con seis ángulos rectos (son sólo cuatro en IPO 3) y encontrar cuatro objetos que ha dejado caer el trazador a lo largo del recorrido. Como puede verse, no se trata de pruebas

Picasso del Cernunnos

para principiantes. En efecto, se admiten sólo perros que ya hayan superado al menos una prueba de IPO 1 o de SchH I (pero la experiencia nos enseña que llegan al Excelente casi exclusivamente los veteranos ya en posesión de IPO 3 o de SchH III).

La alimentación

por Luigi Guidobono Cavalchini
y Carla Cristofalo

Al igual que todos los animales, el perro necesita un aporte nutritivo constante y tiene que ser alimentado correctamente. La masticación del perro es bastante limitada y la deglución muy rápida. El alimento, especialmente el sólido, permanece en el estómago mucho tiempo (de 3 a 12 horas) antes de pasar al intestino, en donde se produce la asimilación de las sustancias nutritivas, que son transportadas a través de la sangre hasta los distintos tejidos que necesitan ser nutridos. Por sus características anatómicas, el aparato digestivo del perro permite ingestiones de comida abundantes y que pueda transcurrir un tiempo prolongado entre una comida y otra, ya que el estómago se vacía lentamente.

El alimento en trozos grandes es preferible a la comida triturada.

Los perros son animales carnívoros, pero un largo proceso de adaptación y de convivencia con el hombre les ha permitido consumir también productos de origen no animal. Necesitan una dieta bastante concentrada, de alto valor nutritivo, pero variable según la raza, la edad, el estado fisiológico del perro (mantenimiento, crecimiento, reproducción, lactancia) y el clima.

Para obtener los mejores resultados debemos alimentar a nuestros perros de forma que se les aporten cuantitativamente los principios nutritivos adecuados: proteínas, hidratos de carbono y grasas, además de vitaminas y minerales. La dieta debe ser equilibrada, es decir que los distintos principios nutritivos tienen que encontrarse en la proporción justa, sin excesos ni carencias. Una alimentación óptima es indispensable para mantener el perro en buenas condiciones de salud, no excesivamente gordo ni tampoco flaco, y con un bonito pelo. Este aspecto es todavía más importante en la fase de crecimiento del cachorro, que requiere un cuidado y unas atenciones particulares. Para alimentar bien a nuestros perros es necesario saber el significado biológico de los distintos principios nutritivos y las fuentes que los aportan.

NÚMERO DE COMIDAS DIARIAS

meses	*1-3*	*4-7*	*8-18*	*18*
comidas	*4*	*3*	*2*	*1*

Las hembras en el segundo mes de gestación y en la lactancia necesitan 2-3 comidas.

EL PERRO GORDO

Observe los depósitos de grasa en la cruz, en el lomo y en los flancos para ver si nuestro perro está gordo.
Péselo con regularidad y anote el peso.
Suprima rigurosamente el picoteo entre horas y los restos de nuestras comidas.
Resista a sus miradas suplicantes.
Aliméntelo con dietas especiales hipocalóricas, pero bien equilibradas y con los valores justos de proteínas y de suplementos vitamínicos y minerales.
Suminístrele alimentos húmedos y con la cantidad adecuada de fibra.
Déjele algún hueso artificial para que pueda roerlo.
Compruebe que no sufra patologías debidas a disfunciones hormonales y metabólicas.
Aumente la cantidad de ejercicio.

La energía

El cuerpo necesita energía incluso durante los momentos de reposo. Los principios nutritivos son transportados a las distintas células del organismo en donde, gracias a la presencia de oxígeno, son transformados en energía. Durante este proceso de transformación se produce calor, que permite al perro mantener su propia temperatura corporal.
Cuanto mayor es la actividad de un animal, más elevada tiene que ser la cantidad de alimento que debe ser transformado en energía. Las exigencias de un cachorro son tres veces mayores que las de un adulto.
El valor energético de un alimento generalmente se expresa en energía

Hermoso ejemplar macho atigrado. Atibox 1992

metabolizable (E. M.) y se mide en kilocalorías (kcal) o en megajulios (MJ). El aporte energético que proporcionan las grasas es aproximadamente el doble que el de los azúcares y las proteínas.

Normalmente, el exceso de energía se almacena en el cuerpo en forma de depósitos de grasa. En este sentido, es útil pesar al perro con cierta regularidad y anotar el peso para comprobar que este sea normal.

Los principios nutritivos

Hidratos de carbono o glúcidos: representan la fuente de energía necesaria para el trabajo muscular y para las distintas actividades del cuerpo. Pueden ser de estructura simple (fructosa, lactosa, etc.), o bien compleja, como el almidón. Ya sea en el cachorro o en el adulto, el exceso de sacarosa puede no ser bien tolerado y provocar diarrea, a causa de la poca cantidad de enzimas específicas que hay en el intestino del perro (sacarasas). Igualmente, el perro adulto puede digerir mal la leche por falta de lactasa.

El almidón es el alimento más importante para el perro, y lo encontramos en abundancia en los cereales, como el trigo (pan), el maíz (harina de maíz, copos), arroz, etc. Para que sea bien digerido por el perro, el almidón tiene que estar bien cocido o haber recibido otro tipo de tratamiento.

La celulosa, la hemicelulosa y las fibras crudas en general, que están contenidas en muchos vegetales, no son digeridas por el perro. Por tanto, cuanto mayor es su contenido, menor es el valor energético. No obstante, un poco de fibra en la dieta, especialmente en los perros viejos o sedentarios, puede ser útil para no dejar que engorden y para regular el funcionamiento intestinal.

Grasas o lípidos: son esenciales para el organismo, en tanto que constituyentes de las células. Proporcionan al cuerpo energía y también calor. Las grasas que se encuentran en el organismo en forma de depósitos (subcutáneos, periviscerales, intramusculares) son la reserva energética a la que recurre el organismo cuando el aporte alimentario es insuficiente y actúan como aislante térmico.

Algunos compuestos de lípidos desempeñan importantes funciones como constituyentes celulares (fosfolípidos, glicolípidos) y como biorreguladores (colesterol, hormonas, vitaminas liposolubles, ácidos biliares). Están presentes en todos los alimentos y pueden ser de origen vegetal (aceites) o animal (tocino o grasa de cerdo). Son indispensables en la dieta.

Proteínas: son alimentos plásticos que intervienen en la construcción del organismo y sirven para la formación de células nuevas. En consecuencia, su papel es fundamental en la formación, mantenimiento y reparación de los músculos, de los huesos y de los órganos internos. Son particularmente necesarias durante el crecimiento del cachorro.

Pueden ser de origen animal, como las que contiene la carne, la leche, el pescado y los huevos, o de origen vegetal, que se encuentran en la soja, los guisantes, las judías, etc.

El valor biológico de las proteínas y su función depende de la proporción de los distintos *aminoácidos*. Puesto que no es posible el almacenamiento de aminoácidos, estos tienen que estar presentes en la dieta proteínica diaria.

Sales minerales: en función de la cantidad presente en el organismo se dividen en *macroelementos* (calcio, fósforo, azufre, sodio, potasio, mag-

El manto atigrado está formado por rayas negras o casi sobre manto leonado; las rayas pueden ser más o menos anchas y abundantes, pero deben destacar sobre el color del fondo

nesio) y *oligoelementos* (hierro, cobre, cinc, manganeso, yodo, selenio, cobalto, molibdeno).

Son constituyentes esenciales de los tejidos del organismo y su función es plástica y biorreguladora. Intervienen en muchos procesos químicos y desempeñan funciones de vital importancia como el mantenimiento de la presión osmótica y del equilibrio ácido básico de los líquidos corporales, la contracción muscular, la transmisión nerviosa, y la constitución de algunas enzimas y hormonas.

Participan también en la formación del esqueleto y por tanto son muy importantes para el animal en crecimiento.

Están contenidas en el polvo de huesos desecados, la leche, el queso, el pescado, la carne y en muchos vegetales. En la alimentación del perro es indispensable integrar sales minerales a la dieta, y también es importante mantener una proporción correcta entre algunas de ellas, como calcio-fósforo, hierro-cobre, etc.

Vitaminas: se dividen en *liposolubles* (A, D, E, K) e *hidrosolubles* (B_1, B_2, ácido pantoténico, ácido nicotínico, B_6, ácido fólico, H, B_{12}, colina, C). Son necesarias en cantidades muy pequeñas e intervienen en muchos procesos orgánicos esenciales. La carencia de una o más vitaminas puede provocar graves desequilibrios y disfunciones. Los excesos de algunas vitaminas también son perjudiciales y pueden causar graves problemas. Por lo general, las vitaminas son producidas por los organismos vegetales y están contenidas en el hígado, en los huevos, en el germen de los cereales, en la levadura, y en los aceites vegetales y animales. Algunas vitaminas pueden ser fácilmente destruidas por la luz o el calor, por lo cual se deben añadir siempre a la comida tibia pero no hirviendo. Por otra parte existen algunos alimentos preparados que ya contienen vitaminas (específicas en la etiqueta). La acumulación de vitaminas podría llegar a ser perjudicial.

Los alimentos

Carne: puede ser de vacuno, de pollo, o de otros animales. Se puede suministrar cruda o bien escaldada, según la calidad; la de cerdo debe servirse siempre cocida. El contenido proteínico y energético es distinto según la cantidad de hueso y la proporción de grasa. La digestibilidad y el valor biológico son más altos cuanto mayor es el contenido de tejido muscular y, al contrario, disminuyen cuando hay una cantidad elevada de tendones, cartílagos y colágeno en general.

LA CARNE DEBE COCERSE

Cruda se digiere mejor, pero si no es fresca y de buena calidad es preferible hervirla o cocerla. En cualquier caso hay que cocerla poco. La de porcino se debe cocer bien siempre para evitar el peligro de transmisión de enfermedades (enfermedad de Aujesky y triquinosis).

Los perros también digieren carne en proceso de putrefacción, gracias a la gran cantidad de jugos gástricos que son capaces de producir.

Despojos: están constituidos por vísceras, como el corazón, el hígado, la tripa, el bazo, etc. En general su contenido proteínico es inferior al del músculo, pero a los perros les gustan mucho. Son un excelente alimento especialmente para los cachorros y para los perros en edad de crecimiento. Conviene que se suministren previa ligera cocción.

Pescado: apetece más si está cocido. Es una excelente fuente de proteínas fáciles de digerir y de alto valor biológico. Es también rico en sales minerales y vitaminas. Se recomienda a perros en fase de crecimiento. También se puede suministrar pescado desecado, especialmente en invierno.

Huevos: constituyen un alimento ideal, ricos en proteínas de elevado valor biológico, grasas y vitaminas.

Said delle Quattro Strade

Son particularmente indicados para los cachorros, para los reproductores y durante la lactancia. Pueden sustituir parcialmente la carne y el pescado, y se pueden suministrar crudos.

Leche: es un excelente alimento que aporta proteínas de elevado valor biológico, grasas, vitaminas y minerales. Es uno de los principales alimentos del cachorro. Algunos perros adultos no la digieren bien por falta de lactosa, la enzima específica para la metabolización de la lactosa.

Tocino, grasas y aceite vegetal: son fuentes calóricas inmejorables, muy apreciadas por los perros, que tienden a comer más de las necesarias. Son útiles para el perro que trabaja y que realiza esfuerzos físicos, aunque una cierta cantidad es siempre nece-

LOS HUESOS

Les gustan mucho a los perros, sobre todo los que se pueden roer bien, como el de la rodilla. No obstante, hay que ir con cuidado porque, especialmente en perros viejos y sedentarios, pueden provocar estreñimiento o incluso oclusiones intestinales. Las astillas de hueso pueden causar perforaciones en el intestino. Concretamente se deben evitar los huesos de pollo y de conejo.

DULCES Y CHOCOLATE

Los perros son golosos, tanto que resulta difícil comerse una chocolatina sin tener que darles un trocito.
Sin embargo, esto no es nada recomendable porque a menudo no es bien digerido y causa problemas. En las tiendas especializadas se venden unas galletas sustitutivas, de las cuales tampoco se puede abusar.

Durante los juicios del Atibox. Esta es la principal manifestación técnica de la raza que reúne a los clubs de raza de toda Europa

MENDIGAR EN LA MESA

Es una pésima costumbre debida al exceso de «generosidad» del dueño, que de vez en cuando le da algún bocado. No hay que dar nunca de comer al perro cuando se está en la mesa o mientras se está cocinando. Si se considera oportuno se le puede dar de comer antes al perro y, si es necesario, impedir que el animal esté presente durante nuestras comidas.

saria. Es aconsejable añadir a la ración un poco de aceite de oliva o de semillas.

Arroz y pasta: son unas de las principales fuentes energéticas, ya que son alimentos ricos en almidón. Para ser digeridos tienen que estar bien cocidos.

Pan seco: es una óptima fuente energética que generalmente el perro come de buena gana. Debe estar bien seco —para ello puede dejarse al aire—, nunca enmohecido, porque podría ser perjudicial.

Copos de cereales y arroz inflado: pueden sustituir al arroz, a la pasta y al pan como fuentes energéticas. Para ser bien digeridos por el perro deben haber recibido un tratamiento adecuado. Son alimentos muy voluminosos, y por tanto en la ración se debe tener en cuenta el peso y no su volumen.

Verdura y fruta: su aporte nutritivo es escaso, pero su contenido de fibra cruda puede ser útil a los perros sedentarios que tienden a la obesidad o bien que sufren estreñimiento. Pueden sustituirse por algunas cucharadas de salvado.

Agua: debe estar siempre a disposición del perro.

Los alimentos preparados

Hoy en día existe en el mercado una amplia gama de productos. Es importante aprender a conocer los distintos tipos para poder sacar el mejor partido de ellos.

ATENCIÓN A LOS EXCESOS NUTRITIVOS

En las tiendas de animales se venden productos especialmente estudiados para el paladar del perro. Sin embargo, hay que evitar los posibles excesos que pueden repercutir negativamente en la salud.
Nunca hay que suministrar cantidades excesivas de proteínas, grasas y vitaminas. También se deben controlar las acumulaciones de las sustancias contenidas en los distintos alimentos, en particular las vitaminas y las sales minerales.
No hay que olvidarse de leer correctamente las etiquetas de los productos.

EJEMPLOS DE DIETA

Las cantidades variarán según el grado de actividad del perro. Los adelantos culinarios no tienen que violar las reglas fundamentales de la alimentación.

Carne fresca de ternera, pollo o pavo escaldada
Pan bien seco o bizcochado
Un poco de aceite de oliva
Caldo caliente
Suplemento vitamínico y mineral

Carne congelada
Arroz o pasta bien cocidos
Verduras variadas
Un poco de aceite de oliva
Suplemento vitamínico y mineral

Carne congelada
Copos de cereales variados o arroz inflado
Una cucharada de salvado
Agua caliente
(El suplemento generalmente ya está incluido)

Alimento completo en forma de croquetas, cubos o en extrusión
(Suministrar siguiendo las instrucciones de la etiqueta)

Alimento completo en copos, mezclado con agua caliente, caldo o leche
(Suministrar siguiendo las instrucciones de la etiqueta)

Una lectura atenta de la etiqueta de cada producto nos proporcionará indicaciones de gran utilidad. Se dividen en tres tipos:

Alimentos simples: diferentes productos de origen animal o vegetal (por ejemplo arroz inflado).

Alimentos completos: mezclas de productos capaces de satisfacer las exigencias nutritivas del perro sin que sea necesario añadir otros alimentos o suplementos nutritivos.

Alimentos complementarios: mezclas de productos que contienen cantidades elevadas de alguna sustancia (por ejemplo proteínas, minerales, etc.), a los que deben añadirse otros alimentos para satisfacer las necesidades nutritivas del animal.

La calidad de un alimento preparado depende de las materias primas, de la formulación, de los tratamientos tecnológicos y de la presentación (en copos, en tiras, en extrusión, expandido, hinchado, en galletas, etc.), así como de la conservación. En la etiqueta se indican las fechas de fabricación y de caducidad, las instrucciones para el uso y los componentes, que han de estar relacionados en orden decreciente de cantidad o de porcentaje en el contenido. También deben figurar los datos analíticos que nos informan de los contenidos de los principios nutritivos contenidos (agua, proteínas brutas, grasas brutas, celulosa bruta, residuos). Además, se indica la proporción de vitaminas y minerales por cada kg de alimento.

Hermoso ejemplar macho, particularmente elegante, que se presenta en el ring de forma impecable. Atibox 1992

Los alimentos preparados permiten confeccionar una dieta basada en las necesidades reales del perro, con una proporción correcta de proteínas y energía, con un suplemento vitamínico y mineral completo, sin excesos ni carencias, como ocurre a menudo en la preparación casera de las raciones. El contenido analítico de un buen alimento completo para perros adultos debe tener estas características:

— humedad máxima 13 %
— proteínas animales 22-25 %
— lípidos animales 4-8 %

La alimentación del cachorro

Aproximadamente al 25.° día de vida se puede empezar a completar

Brams degli Scrovegni

la alimentación materna con alguna comida sustitutiva, constituida por leche y una yema de huevo por cada 100 ml. A partir del 30.º día se inicia el destete propiamente dicho con una alimentación más seca. Un destete precoz beneficia a la madre y es muy útil en las camadas numerosas. Los cachorros se separan de la madre por períodos progresivamente más largos, y entre el 45.º y el 55.º día deben de ser ya destetados y alimentados sólo artificialmente. Al inicio del destete se añade a la leche de vaca un poco de carne picada o troceada, hasta que puede ser sustituida por homogeneizantes.

A continuación se pasa a una alimentación más seca constituida por: carne y/o pescado de buena calidad, arroz bien cocido y/o copos de cereales, leche, un poco de aceite de oliva, vitaminas y minerales.

La leche, la carne y el pescado tienen que predominar sobre los cereales, constituyendo el 80 % de la ración a los 40 días y el 60 % a los 60. Progresivamente se aumenta la cantidad de cereales respecto a la carne. Esta última puede ser suministrada cruda si es de buena calidad, aunque es preferible cocerla un poco.

Una comida para un día puede consistir en pan bizcochado y leche.

Durante toda la etapa de crecimiento se puede dar una yema de huevo cruda tres o cuatro veces por semana, y queso sustituyendo parcialmente la carne. El suplemento vitamínico y mineral debe tener el contenido adecuado de calcio y de fósforo.

- *El perro debe tener siempre agua fresca a disposición.*
- *No se deben dejar las sobras de la comida a disposición del animal.*

Salud e higiene

por Luigi Guidobono Cavalchini
y Carla Cristofalo

Cuando se compra o se recibe como regalo un perro, ya sea cachorro o adulto, el primer instinto es acariciarlo para mostrarle nuestro afecto. Sin embargo, hay que recordar que en aquel preciso instante nos convertimos también en responsables de su estado de salud.

Las enfermedades y los peligros sanitarios en general son múltiples, y no debe pretender convertirse en veterinario improvisado.

Es una buena norma que el veterinario sea una persona experta y profesional que, del mismo modo que todas las familias tienen un médico de confianza, conozca al perro, lo vacune oportunamente e intervenga en caso de enfermedad. La relación de confianza entre el propietario del animal y el veterinario es fundamental para un correcto diagnóstico y la consiguiente terapia. En su ausencia, y en caso de extrema necesidad, podremos acudir a centros de urgencias, que nos atenderán incluso de noche.

Hoy en día, entre los veterinarios existen también especialistas oficialmente reconocidos en las clínicas de compañía. Es decir, hay expertos en sectores específicos, como cardiología, oftalmología, traumatología, homeopatía, oncología y otras especialidades. No obstante es aconsejable que sea el propio veterinario quien recomiende el especialista que conviene visitar en cada caso. Será usted quien pase la mayor parte del tiempo con nuestro amigo de cuatro patas y, por lo tanto, debemos observarlo con atención en los principales momentos del día: hora de la comida, de pasear, de jugar y de dormir.

Debe procurar captar las pequeñas diferencias comportamentales y generales sospechosas de un estado de

EL PERRO SANO

Qué hay que observar	***Cómo debe ser***
comportamiento	atento, vivaz, equilibrado
apetito	debe comer de forma adecuada y enérgica
movimiento	coordinado, fluido, ágil
sueño	regular, no excesivo

SÍNTOMAS DE ENFERMEDADES GRAVES

- *Respiración y ritmo cardíaco lentos, acelerados, arrítmicos, superficiales*
- *Temperatura corporal: baja (hipotermia), alta (fiebre)*
- *Melena (presencia de sangre en las heces)*
- *Hematuria (presencia de sangre en la orina)*
- *Hematemesis (vómito hemorrágico)*
- *Rinorragia (sangre en la nariz)*

malestar. En ciertos aspectos, el perro puede considerarse como un bebé que no tiene la posibilidad de expresar sus sensaciones verbalmente, sino que sólo puede hacerlo mediante comportamientos específicos y vocalizaciones particulares.

Veamos entonces los signos generales a los cuales se debe prestar atención y que, en caso de prolongarse, requieren la intervención del veterinario. Sería un error creer que conocemos todos los síntomas y enfermedades del perro, y que podemos curarlos

SÍNTOMAS GENERALES DE MALESTAR

- *Desgana (astenia)*
- *Abatimiento*
- *Rechazo al juego*
- *Falta de apetito (anorexia)*
- *Vómito y/o diarrea persistentes*
- *Goteo nasal y ocular*
- *Sed y/o hambre injustificadas*
- *Adelgazamiento evidente*
- *Pelo opaco*

PARÁMETROS FISIOLÓGICOS DE REFERENCIA

parámetros	*cachorro*	*adulto*
temperatura corporal	38-39 °C	37,5-38,5 °C
frecuencia respiratoria (por min)*	20-22	14-20
pulsaciones (por min)	100-130	60-120

**Con temperatura externa elevada la frecuencia aumenta*

nosotros mismos. Lo más importante es saber cuándo la situación exige la pronta intervención del veterinario y cuáles son los síntomas de las patologías graves.

Hay algunos parámetros fisiológicos que se pueden tomar como referencia para valorar el estado de salud del perro. Será útil recordar que el perro tiene que ser examinado en

CÓMO MEDIR

la temperatura

Muchos propietarios sospechan un aumento de temperatura observando la trufa (extremo de la nariz): si no está húmeda y fresca, deducen que el perro tiene fiebre. Esto no siempre es cierto. Lo mejor es medir la temperatura rectal con un termómetro veterinario o pediátrico, lubrificado con aceite o vaselina. Para ello se sujeta al animal y, levantándole la cola, se introduce cuidadosamente el termómetro (2-3 cm) y se espera unos tres minutos.

las pulsaciones cardíacas

Se puede apoyar directamente la oreja en el tórax para escuchar los latidos del corazón. También se pueden tomar las pulsaciones de la arteria femoral, oprimiendo con el pulgar la cara exterior del muslo y con los dedos índice y corazón la cara interior. De este modo la arteria queda suavemente comprimida contra el fémur y se puede percibir el pulso.

la frecuencia respiratoria

Se observa el tórax y se calcula el número de acciones respiratorias por minuto, valorando también el ritmo y la amplitud.

reposo, ya que el esfuerzo físico o la actividad motivada por el juego provocan la aceleración de la respiración y del ritmo cardíaco, o incluso un aumento de temperatura, sin que ello sea patológico.

Las enfermedades del perro

El perro puede padecer distintas enfermedades, muchas son de origen específicamente infeccioso.

EJEMPLOS DE ENFERMEDADES ORGÁNICAS

enfermedad	*órgano afectado*	*enfermedad*	*órgano afectado*
otitis	oreja	cistitis	vejiga
estomatitis	boca	prostatitis	próstata
bronquitis	bronquios	miositis	músculos
endometritis	útero	neuritis	nervios
nefritis	riñones		

PRINCIPALES ENFERMEDADES INFECCIOSAS

enfermedad	*etiología*	*transmisión*	*profilaxis*
moquillo	paramixovirus más bacterias	directa-indirecta muy contagiosa	vacunaciones
hepatitis infecciosa vírica	adenovirus	contacto directo contagiosa	vacunaciones
herpesvirus	herpesvirus	intrauterina contacto directo	vacunaciones
parvovirosis	parvovirus muy resistente	muy contagiosa	vacunaciones
tos de las perreras	adenovirus	muy contagiosa	vacunaciones
rabia	rabdovirus	contagio por mordedura	vacunaciones
leptospirosis	leptospira (varias)	contagio oral	vacunaciones

Enfermedades orgánicas

Son aquellas patologías que afectan a un órgano específico o a una parte de este. Son de distinta etiología y su evolución no es siempre igual, sino que cambia en cada caso. No siempre son contagiosas. Su desenlace depende directamente de la gravedad de los síntomas.

Enfermedades infecciosas

De origen vírico o bacteriano. Generalmente afectan a varios órganos, son contagiosas y a menudo letales. La curación depende de la gravedad de los síntomas y de la respuesta inmunitaria del perro. Se pueden prevenir con las vacunaciones.

Moquillo: afecta a perros de todas las edades. Tiene un período de incubación de tres a siete días. Un perro enfermo presenta secreciones nasales y oculares mucopurulentas; conjuntivitis con fotofobia; tos con complicaciones pulmonares hasta la broncopulmonía; gastroenteritis; temperatura muy alta (41 °C) en la primera fase de la enfermedad, pero casi normal durante el estado nervioso; daños irreversibles en el sistema nervioso (parálisis de las extremidades posteriores y tics nerviosos). Esta enfermedad es con frecuencia mortal.

Hepatitis infecciosa vírica: puede afectar a perros de todas las edades. Tiene un período de incubación de tres a nueve días. Sus síntomas son: aumento de la temperatura al inicio de la enfermedad; conjuntivitis serosa e iridociclitis; amigdalitis; aparición de pequeñas hemorragias en la piel de la superficie abdominal; dolor abdominal; opacidad corneal a partir de la primera o la tercera semana.

Herpesvirus: también afecta a los recién nacidos de forma casi siempre letal. En los cachorros pueden verse afectados varios órganos y se puede manifestar con diarrea, vómito, traqueítis y sintomatología nerviosa; en el adulto el síntoma más frecuente es una laringo-tráqueo-bronquitis acompañada de rinitis. También puede manifestarse en los órganos genitales en ambos sexos.

Parvovirosis: gastroenteritis hemorrágica; vómito; deshidratación; pérdida de peso; abatimiento; hipotermia; leucopenia. Existe una manifestación cardíaca que en los cachorros generalmente es mortal.

Tos de las perreras: laringo-tráqueo-bronquitis de evolución benigna con tos; se propaga rápidamente en las perreras y en las residencias caninas con concentraciones elevadas de perros.

Rabia: se transmite a través de la saliva de un animal mordedor infestado; afecta a muchos animales salvajes y domésticos; afecta al sistema nervioso con parálisis progresiva; variaciones del comportamiento; en la manifestación «muda», parálisis progresiva de los músculos de la mandíbula, cuerdas vocales y otros músculos de la cabeza, con la consiguiente salivación abundante y afonía, incapacidad de deglutir y de beber; en la manifestación furiosa aparece un primer período de extrema irritabilidad seguido de un estado de hiperexcitación con abundante salivación y frecuentes aullidos; muerte por extensión de la parálisis; peligro de contagio para el hombre.

Leptospirosis: afecta a perros de todas las edades y a muchas otras especies, incluido el hombre; el ratón y la rata son las principales fuentes de contagio; presenta cuadros morbosos de diversa gravedad; puede aparecer nefritis, conjuntivitis, leve parálisis de las extremidades posteriores, gastritis con vómito, déficit cardiocirculatorio, ictericia, más raramente broncopulmonía; su evolución a menudo puede ser mortal.

Enfermedades parasitarias

Las enfermedades parasitarias están causadas por organismos unicelulares, como los cóccidos, o por otros más complejos, como los gusanos intestinales. Los parásitos conviven con el perro en una condición de equilibrio dinámico que, en casos de infestación extrema, puede provocar la muerte del animal. Al dañar los tejidos o privar al perro de los elementos nutritivos, se debilita enormemente y se hace también más vulnerable a las enfermedades infecciosas.

SÍNTOMAS GENERALES DE LAS PARASITOSIS MÁS COMUNES

parásitos	***síntomas***	***terapias***
cutáneos	dermatitis superficiales, dermatitis profundas, caspa, pelo opaco, alopecias	polvos, baños, esponjas, gotas, collares y otros
intestinales	adelgazamiento, diarrea, flatulencias, vómito ocasional, pelo opaco	gotas, jarabes, pastillas
hemáticos	insuficiencia cardiocirculatoria, anemia grave	varias y complejas
auriculares	otitis ceruminosa	gotas auriculares

El contagio se produce generalmente por el contacto con huevos o larvas dispersadas en el ambiente por otros perros enfermos. Por tanto, un control constante del propio animal será beneficioso para su salud y para la de los demás, reduciendo la carga ambiental. Algunos parásitos, a menudo huéspedes intermediarios, son peligrosos también para el hombre, como por ejemplo la tenia *Echinococcus*. Las terapias, citadas de modo puramente indicativo, se aplican en función del parásito y del órgano afectado.

Micosis

Son patologías provocadas por hongos, gérmenes y mohos microscópicos. Son contagiosas para el perro y para el hombre, sobre todo para los niños (tiña). Una correcta higiene ambiental y cutánea del perro reduce los riesgos de contagio. La mayor parte de los casos son curables. Las formas más comunes se manifiestan con áreas alopécicas (pérdida de pelo).

Enfermedades congénitas

Son las que ya existen en el momento de nacer, y que están determinadas, por ejemplo, por causas genéticas o por carencias nutricionales de la perra. Pueden afectar a varios órganos, no son contagiosas y pueden o no ser compatibles con la vida del cachorro.

Enfermedades hereditarias

Son patologías causadas por genes particulares presentes en los progenitores y heredadas por el cachorro; pueden manifestarse ya en el nacimiento o bien más tarde. El perro podrá transmitir a su vez el defecto a sus cachorros.
Las más conocidas son la displasia de cadera, las enfermedades del ojo y la hemofilia.

Displasia de cadera: es una patología de la articulación coxofemoral, que en sus formas más graves provoca *cojera* más o menos evidente en las extremidades posteriores. La causa debe buscarse en una formación anómala del conjunto de la articulación, con la consiguiente *subluxación*, desgaste y erosión del cartílago. Con el tiempo su evolución genera procesos de *artrosis deformante*. A pesar de haber sido descubierto su origen genético, todavía no ha sido aclarado el mecanismo de transmisión. En efecto, el estudio de las características hereditarias es de una gran complejidad. En ellas intervienen varios genes (carácter poligénico) y su efecto puede verse incrementado por las condiciones ambientales de la cría y el crecimiento. El comportamiento genético recesivo puede ocultar la presencia del carácter, que puede no aparecer en los progenitores y, en cambio, sí puede aparecer en los hijos. Hay razas que parecen tener más predisposición que otras. La constitución anatómica, tanto ósea como muscular, juega con toda probabilidad un papel importante. La displasia se manifiesta con mayor facilidad en los ejemplares de crecimiento rápido. Actualmente, el examen radiológico de la articulación coxofemoral es el medio aceptado universalmente para identificar a los perros displásicos y a los portadores de anomalías de carácter leve. La radiografía debe ser realizada por un veterinario experto, con anestesia general que garantice la relajación muscular correcta y, por tanto, la posición dorso-ventral adecuada del perro.

Emergencias

Shock

Se produce un estado de *shock* cuando:

— existe una grave descompensación cardiocirculatoria;

— hay vasodilatación periférica;

— hay acumulación de sustancias tóxicas en los tejidos.

Causas

Fuertes traumatismos; hemorragias; reacciones anafilácticas; patologías cardíacas y neurológicas; toxicosis y deshidratación; descargas eléctricas.

Síntomas

Mucosas pálidas; gran abatimiento; disminución de la temperatura corporal y temblores musculares; pulso débil y acelerado; respiración superficial; pérdida de heces y de orina; vómito; colapso.

Cómo intervenir

Se coloca al perro en un lugar caliente; inmediatamente se consulta al veterinario para la administración

CÓMO EVITAR LAS INTOXICACIONES ACCIDENTALES

- *Evitar que el perro ingiera champú y productos antiparasitarios durante los tratamientos.*
- *Evitar que el perro pueda circular libremente por sótanos y patios en donde se hayan realizado tratamientos desinfectantes y desratizaciones recientes.*
- *Mantener al perro alejado de los líquidos de lavado de radiadores de automóvil (el anticongelante es dulzón y apetecible).*
- *Guardar todos los fármacos, sustancias venenosas y químicas lejos del alcance de los perros.*
- *No colocar productos peligrosos junto a los alimentos.*
- *No dejar medicamentos al alcance de los perros, especialmente de los cachorros.*
- *No dejar platos de comida o cuencos de bebida en el patio o jardín durante los tratamientos antiparasitarios.*
- *Retirar inmediatamente los animales muertos de los patios y jardines.*

INTOXICACIONES ACCIDENTALES O INTENCIONADAS

tipos de veneno	*síntomas*
organofosforados (antiparasitarios)	salivación, contracciones musculares de distinta entidad, convulsiones, vómito, diarrea, pupila cerrada (miosis) no reactiva, broncoespasmo, edema pulmonar, cianosis
estricnina (raticida)	convulsiones, disnea (respiración irregular), espuma por la boca y asfixia por parálisis espástica de los músculos intercostales y del diafragma, muerte
compuestos de cianuro (herbicidas)	pérdida de la fuerza muscular, respiración agonizante y profunda, colapso, muerte; el aliento huele a almendras amargas
ANTU (raticida potente)	salivación abundante, vómito, edema pulmonar y disnea, debilidad muscular, pulso acelerado y débil
pesticidas de acción (anticoagulante)	depresión, fiebre, hemorragias múltiples asociadas con prolongación del tiempo de coagulación, equimosis de la superficie cutánea, anemia, pulso acelerado y débil, hemorragias, disnea, muerte
etilenglicol (anticongelante)	pulso acelerado, ataxia, delirio, disnea, vómito, anuria (ausencia de orina), oliguria (poca orina), deshidratación
fármacos	variables en función del producto

de infusiones o transfusiones de plasma, suministro de fármacos *antishock*, calmantes, analépticos, oxígeno. El perro debe mantenerse bajo un estrecho control durante algunos días para asegurarse de su total recuperación.

Intoxicaciones

Pueden ser accidentales o intencionadas.
Si se descubre que el perro ha ingerido sustancias tóxicas se le puede provocar el vómito suministrándole

medio vaso de agua con una cucharada sopera disuelta de sal o estimulando el paladar y la parte posterior de la garganta. Estas maniobras deberán evitarse si el perro ha ingerido ácidos o decalis fuertes, u objetos que pudieran lesionarle. Para evitar los envenenamientos intencionados hay que enseñar al perro a rechazar la comida que le ofrezcan extraños y los restos de comida abandonados. Para evitar los accidentales basta actuar con sentido común.

Picaduras de insectos

A menudo los perros sufren picaduras en la cabeza producidas por abejas, avispas, tábanos, etc. Las picaduras, aunque son dolorosas, tienen efectos leves y transitorios. Generalmente es suficiente con enfriar la zona con abundante agua y suministrar antihistamínicos por vía oral. La situación puede revestir mayor gravedad cuando el perro es picado en la parte posterior de la garganta, en su intento de comerse el insecto. En tal caso la reacción de hinchazón puede ser intensa y el riesgo de ahogo grave, por lo que habrá que consultar rápidamente al veterinario y, si ello no es posible, en casos extremos, se suministrarán inyecciones antihistamínicas. En el caso de picaduras múltiples hay que acudir inmediatamente al veterinario, que podrá intervenir antes de que se genere un *shock* anafiláctico.

Mordedura de víbora

El hocico es la parte más expuesta y que resulta más afectada durante el intento de captura. Si el perro está en buenas condiciones puede superar el envenenamiento, que requiere en cualquier caso el tratamiento con un antídoto y la asistencia veterinaria.

Golpe de calor

Suele producirse en verano, especialmente cuando el perro se queda en el interior del automóvil con las ventanas cerradas. Para mantener la propia temperatura corporal el perro se pone en contacto con superficies frescas y umbrías. Cuando esto no es posible, el animal aumenta la ventilación pulmonar, que sin embargo en muchos casos sigue sin ser suficiente. Los síntomas más visibles son: mareo, aumento considerable de la temperatura rectal, piel caliente y seca, pulso rápido, disnea, coma, muerte. Cuando se presentan tales síntomas hay que procurar reducir la temperatura corporal y superar el estado de colapso mojando al perro con agua fría, y luego haciéndole reposar en un lugar fresco y a la sombra. Llamar urgentemente al veterinario.

Fracturas

Las fracturas más frecuentes se producen por regla general en las

extremidades, en la columna vertebral y en la mandíbula. Suelen ser consecuencia de traumatismos violentos, como el atropello por parte de un vehículo o la caída desde una cierta altura. Pueden afectar a uno o más huesos y, en los casos más graves, las partes afectadas pueden sobresalir por la herida (fractura abierta). Los síntomas son: cojera con fuerte dolor, tumefacción, hemorragia, paresia o parálisis y, en los casos más graves, estado de *shock*. En tal caso hay que dejar al perro lo más tranquilo posible, dándole tiempo para recuperarse del susto y adaptarse al dolor agudo. En caso de fractura de las extremidades, se debe procurar moverlas lo menos posible y, si la intervención del veterinario no puede ser inmediata, se inmovilizará provisionalmente la parte afectada con un entablillado de madera o cartón y vendas.
Si hay heridas tienen que ser limpiadas y desinfectadas siempre, y luego protegidas con gasas. Si el perro no es capaz de moverse, hay que tumbarlo en el suelo y transportarlo con una tela o una manta al veterinario, procurando no dañar la columna vertebral durante el transporte. Una visita veterinaria con radiografías es siempre aconsejable incluso en caso de traumatismos ligeros y de escasa sintomatología, ya que las fracturas leves, si se descuidan, pueden causar anomalías permanentes.

Consejos para los primeros auxilios

Cómo actuar con un perro accidentado

El perro accidentado, generalmente atropellado por un vehículo, casi siempre está muy atemorizado y desorientado. Por este motivo es conveniente acercarse a él con cautela para evitar que el miedo aumente y el animal intente la fuga. Se le debe hablar con voz tranquila para calmarlo, más que obligarlo a estar quieto. Si el accidente ha sido particularmente violento podría producirse un estado de *shock* con fuertes dolores debidos a las heridas y las contusiones. En este caso también es oportuno acercarse lentamente y hablarle pausadamente, para que el perro reconozca la voz de su dueño y se tranquilice. No hay que hacer movimientos bruscos. Se debe ir con cuidado porque el miedo y el dolor le pueden provocar reacciones particularmente irritables y agresivas, y en respuesta a nuestros cuidados recibiríamos un mordisco. Si se considera oportuno se le puede poner el bozal o una ligadura de emergencia antes de moverlo o levantarlo. Hay que intentar mantener la tranquilidad porque el animal puede percibir nuestro estado de tensión, que puede aumentar su irritabilidad. El perro debe ser manipulado con suavidad para no agravar las heridas sufridas y tiene que ser trasladado lo más rápidamente posible al veterinario o a un centro de urgencias.

Cómo transportarlo

Si el perro no es capaz de alzarse por su propio pie y de andar, hay que levantarlo del modo menos traumático posible.

Los perros pequeños o de talla mediana se pueden sostener pasando un brazo por debajo del vientre o del tórax; no se debe sujetar por las patas, que podrían estar fracturadas. Se hará el menor número posible de desplazamientos. Si las extremidades posteriores nos parecen totalmente paralizadas deberemos sospechar que la columna vertebral puede estar lesionada. En tal caso procuraremos evitar cualquier movimiento, que podría ser peligroso para la recuperación de la funcionalidad de la médula espinal.

Cómo tratar una herida

No es posible extenderse en los distintos tipos de heridas que un perro puede producirse jugando, trabajando o, a veces, incluso comiendo. Sin embargo, algunas reglas generales pueden servir de ayuda.

Como primera regla hay que cortar la hemorragia comprimiendo la zona herida con un pañuelo o un trapo limpios. Si la hemorragia es intensa, por ejemplo en las heridas en las patas, hay que intentar bloquearla presionando a un nivel por encima del corte, y enseguida notaremos una disminución del flujo. Para efectuar un torniquete se puede utilizar un cinturón, una cuerda o una corbata, que apretaremos fuertemente, e iremos aflojando aproximadamente cada diez minutos para dejar que un poco de sangre circule por la pata. En cambio, si la herida está localizada en el abdomen o en el tórax, procuraremos hacer una compresión con una toalla o un trapo doblados. En la mayoría de casos esto basta para detener la hemorragia, aunque en algunas ocasiones es necesario que el veterinario suture el vaso sanguíneo roto para bloquearla definitivamente.

El segundo paso consiste en desinfectar y lavar la herida, eliminando la tierra y la suciedad. Hay que tener cuidado si el perro está nervioso porque podría mordernos. Antes de efectuar la cura hay que ponerle el bozal. Una vez limpia y desinfectada, se coloca una gasa provisional encima de la herida que la protegerá de posibles infecciones y se hará visitar el animal por el veterinario, que constatará el daño real. Las heridas en las patas pueden afectar también a tendones y nervios, que deben coserse rápidamente para evitar lesiones de carácter crónico.

Si la herida es abierta hay que lavarla con una solución fisiológica y agua oxigenada. A continuación se cubre con una gasa y se acude rápidamente al veterinario. Los tejidos afectados pueden infectarse con facilidad, lo que podría generar enfermedades de difícil curación (osteomielitis).

Lesiones en ojos, orejas y nariz

Las garras de los gatos o de otros perros pueden lesionar la córnea, incluso con una cierta gravedad. También son peligrosos los golpes violentos capaces de sacar el globo ocular de la órbita. En todos los casos hay que lavar el ojo herido con solución fisiológica, agua bórica o, si no hay otra cosa a mano, con agua limpia. El ojo afectado se protegerá con un pañuelo húmedo mientras se acude rápidamente al veterinario. Hay que proceder con cuidado porque las heridas en los ojos son muy dolorosas.

Las heridas más frecuentes que se producen en las orejas son el corte o el hematoma interno en el pabellón auditivo (otohematoma). En ambos casos hay que procurar cortar la hemorragia comprimiendo la parte afectada o vendando la oreja contra la cabeza y aplicando hielo. Es conveniente consultar lo antes posible al veterinario.

Las hemorragias en la nariz son quizá las que más inquietan al propietario. Generalmente el perro nota la sangre que pierde y al molestarle estornuda, con lo que esparce gotitas rojizas a su alrededor. La rinorragia puede estar causada por envenenamientos o por pequeños cuerpos extraños que se han introducido en la nariz y lesionan un capilar, además de generar una fuerte irritación que hace estornudar violentamente al perro. Procuraremos cortar el flujo de sangre con compresas de hielo y nos dirigiremos al veterinario.

Quemaduras

No es muy frecuente que el perro sufra quemaduras, por lo menos producidas por fuego, dado su instinto innato de alejarse de él. Sin embargo puede haber otras causas, como una olla de comida con agua hirviendo, o bien sustancias químicas irritantes que le caigan encima accidentalmente. Lo primero es lavar la zona afectada con agua fría, que eliminará la sustancia irritante y enfriará la zona, en caso de quemadura por calor. A continuación se prepararán compresas frías que se colocarán sobre la parte afectada para reducir la vasodilatación. Luego se cubre la quemadura, a la espera del veterinario, que controlará el estado de *shock* que puede generarse como consecuencia de la quemadura.

Congelación

No es un fenómeno frecuente en nuestra latitudes, aunque puede darse en la montaña. Normalmente afecta a las extremidades y a las puntas de las orejas. En caso de producirse instalaremos al animal en un lugar caldeado y lo taparemos para hacer subir la temperatura corporal. Practicaremos masajes con fuerza en las partes congeladas e intentaremos calentarlas con paños calientes o bolsas de agua caliente. El color rosado en la piel indicará la reanudación de la circulación.

Ahogo

Esta emergencia requiere una intervención rápida. Hay que mantener abierta la boca del perro, que estará intentando expulsar el objeto extraño, bajarle la lengua y mirar el fondo de la garganta para intentar localizar el objeto extraño y poder extraerlo. Para evitar que el perro nos muerda hay que oprimir un poco del labio entre los dientes para que no pueda cerrar la boca. Si no se observa nada y el perro es de talla pequeña lo agarraremos por las patas posteriores y lo sacudiremos para que el cuerpo extraño caiga hacia abajo. Si el perro es demasiado pesado para permitir esta operación, le daremos unos golpes decididos, pero no demasiado violentos, en el tórax, con la idea de que el aire expulsado pueda mover el objeto oclusivo.

Crisis convulsivas y excitantes

Generalmente la crisis convulsiva asusta al propietario, sobre todo si es intensa y si se trata de la primera vez. En tales circunstancias procuraremos tener al perro en un lugar sin aristas ni cantos en donde el animal no pueda herirse durante la fase convulsiva y excitante. Pasada la crisis dejaremos al animal tranquilo en una habitación sin ruidos y con poca luz, hasta que esté totalmente recuperado. Lo cubriremos con una manta. Una vez haya sido superada totalmente la crisis (normalmente dura pocos minutos) lo llevaremos al veterinario.

Cómo administrar los medicamentos

Desgraciadamente un perro enfermo es irritable y no está siempre dispuesto a tomar los medicamentos de buena gana.
El primer intento debe realizarse con astucia, el segundo con decisión.
Los fármacos por vía oral son de varios tipos, pero para nuestra comodidad podemos subdividirlos en comprimidos, cápsulas, caramelos, etc., y fármacos líquidos.
En el primer caso se puede intentar ocultar su sabor con un alimento que guste especialmente al perro (queso, carne). Si se trata de polvos o comprimidos troceados se puede intentar mezclarlos con un poco de carne, dándole el resto de la ración después de haber comprobado que el perro se ha comido toda la primera porción. Sin embargo, hay casos en que el

fármaco no puede ser mezclado con el alimento porque puede estropearse, o bien porque su sabor es tan fuerte que el perro lo descubre y rechaza la comida. En este caso habrá que abrir la boca del perro, introducir profundamente el comprimido, cerrarla rápidamente y, manteniendo la cabeza hacia arriba, practicar un masaje en la garganta del animal para estimular la deglución. Hay que asegurarse de que el perro haya tragado el fármaco, porque a veces lo retiene en un rincón de la boca y lo escupe apenas nos damos la vuelta.

Los fármacos líquidos pueden ser suministrados mediante jeringas sin aguja, con peras de goma o con cuentagotas. Se mantiene la cabeza del perro levantada, se introduce la jeringa en un ángulo de la boca entre los labios y se hace fluir lentamente el producto para permitir su deglución. No se deben suministrar nunca los líquidos manteniendo la boca abierta a la fuerza, ya que se impide la deglución y se puede provocar ahogo.

Fármacos inyectables

Este tipo de fármacos se suministra mediante inyecciones subcutáneas, intramusculares o intravenosas.

El propietario debe aprender a poner las subcutáneas para seguir el tratamiento dictado por el veterinario. Para ello usará, igual que para las personas, jeringas de un solo uso o esterilizadas.

Se tiene que levantar un pliegue de piel en la espalda, entre el cuello y el flanco, se desinfecta la piel levantando el pelo, y se introduce la punta de la aguja en dirección paralela a la espina dorsal del perro. A continuación se inyecta el fármaco. Si el producto es irritante otra persona deberá encargarse de sujetar al perro.

Fármacos para la otitis

Se mantiene levantada la punta de la oreja y se introduce el cuentagotas en el conducto auditivo. Dejaremos

QUÉ HAY QUE TENER A MANO PARA CASOS DE EMERGENCIA

- *Desinfectantes: agua oxigenada, tintura de yodo, mercurocromo.*
- *Soluciones y líquidos desinfectantes: solución fisiológica, agua bórica.*
- *Astringentes y antibióticos intestinales.*
- *Laxantes: aceite de parafina.*
- *Antieméticos.*
- *Un antibiótico de emergencia aconsejado por el veterinario.*
- *Compresas de gasa, esparadrapo, gasa de 5 cm para vendajes.*
- *El número de teléfono del veterinario de confianza.*

caer las gotas y a continuación daremos un leve masaje en la parte inferior de la oreja para distribuir uniformemente el producto. Durante algunos minutos mantendremos inmóvil la cabeza del animal, para evitar que al sacudirla esparza el líquido que le irrita el oído.

Fármacos para los ojos

Se mantiene la cabeza del perro levantada y se deja caer las gotas de colirio sobre la córnea. Si la presentación del medicamento es en forma de pomada bajaremos el párpado inferior y la colocaremos por la parte interna.
A continuación se deja que el animal cierre el ojo y se realiza un masaje para distribuir la pomada uniformemente. El producto sobrante se debe eliminar con un pañuelo.

Supositorios

El empleo de supositorios para perros no es muy frecuente, pero puede ser necesario para calmar un dolor agudo. En tal caso se humedece el supositorio con agua, se levanta la cola del animal y se introduce el producto lentamente y sin forzar, pero empujándolo hasta el fondo, con la ayuda, por ejemplo, de un poco de algodón. Luego se mantiene la cola bajada sobre la zona perianal por espacio de algunos minutos para impedir que el perro expela inmediatamente el fármaco.

Índice analítico

Impreso en Italia por
Grafiche Milani
Segrate (Milano)